高校体育管理理论与实践研究

孙 轲 著

北京体育大学出版社

策划编辑：仝杨杨
责任编辑：仝杨杨
责任校对：原子茜
版式设计：锦林图书

图书在版编目（CIP）数据

高校体育管理理论与实践研究 / 孙轲著. —北京：
北京体育大学出版社，2023.10
　　ISBN 978-7-5644-3938-5

　　Ⅰ.①高… 　Ⅱ.①孙… 　Ⅲ.①体育教学－教学管理－
研究－高等学校 　Ⅳ.①G807.4

　　中国国家版本馆 CIP 数据核字（2023）第 211891 号

高校体育管理理论与实践研究　　　　　　　　　　　　　孙轲　著
GAOXIAO TIYU GUANLI LILUN YU SHIJIAN YANJIU

出版发行：北京体育大学出版社
地　　址：北京市海淀区农大南路 1 号院 2 号楼 2 层办公 B-212
邮　　编：100084
网　　址：http://cbs.bsu.edu.cn
发 行 部：010－62989320
邮 购 部：北京体育大学出版社读者服务部 010－62989432
印　　刷：定州启航印刷有限公司
开　　本：710 毫米×1000 毫米　1/16
成品尺寸：170 毫米×240 毫米
印　　张：12
字　　数：200 千字
版　　次：2023 年 10 月第 1 版
印　　次：2023 年 10 月第 1 次印刷
定　　价：78.00 元

前　　言

　　高校体育作为学校体育教学的最高阶段,是学校体育与社会体育的衔接点,是学生独立运用所学体育知识和技能进行自我锻炼的转折点。《中共中央国务院关于深化教育改革全面推进素质教育的决定》指出,健康体魄是青少年为祖国和人民服务的基本前提,是中华民族旺盛生命力的体现,学校教育要树立健康第一的指导思想,切实加强体育工作。《中共中央关于全面深化改革若干重大问题的决定》对学校体育工作做出重要部署,明确提出要强化体育课和课外锻炼,促进青少年身心健康、体魄强健。由此可见,高校体育工作受到了党和国家的高度重视。高校体育要在增强学生体质、健全学生人格、使学生养成良好锻炼习惯和提高学生体育素养等方面发挥重要作用。

　　高校体育管理是遵循学校教育和学校体育的基本规律,运用管理学的理论与方法,以育人为目的,对高校体育进行计划、实施和检验的活动。高校是育人的单位,高校的主要活动是育人活动,亦即教育活动,其中也包括体育教育活动。因此,高校体育管理既是体育管理的一个重要分支,又是高校教育管理的重要组成部分。加强高校体育工作,增强学生体质,是高校教育全面落实科学发展观、坚持以人为本的必然要求,是把提高教育质量作为当前教育工作重点的必然要求。

　　高校体育必须始终坚持"健康第一"的指导思想,把学生健康摆在高校教育的突出位置,将学生健康作为高校的一项重要任务。高等学校体育工作应全面贯彻党的教育方针,深入贯彻落实科学发展观、《中共中央国务院关于加强青少年体育增强青少年体质的意见》和《国家中长期教育改革和发展规划纲要(2021－2020年)》,把增强学生体质作为学校教育的基本目标,培养学生的终身体育习惯和健康的生活方式,广泛深入地开展"阳光体育运动"。

本书以体育管理理论为基础,对高校体育教学、大学生体育社团等方面的管理体系和内容进行了理论与实践方面的论述,为广大体育教师和体育管理者的高校体育实践提供借鉴。

由于作者水平有限,书中难免会出现不足之处,希望各位读者和专家能够提出宝贵意见,以进一步修改,使之更加完善。

目　　录

第一章
高校体育管理概述

第一节 高校体育概述

一、高校体育的产生与未来发展

(一)高校体育的产生

高校体育是高校学生全面发展的组成部分,是培养社会所需人才的重要内容。体育和教育都是人类社会的文化现象。它们随着人类社会的产生而产生,随着人类社会的发展而发展,同时以越来越复杂的形式适应社会发展的需要。

体育和教育是紧密相联的。体育作为培养人和教育人的必要手段,历来都是教育的重要组成部分。

原始社会时期,处于萌芽状态的教育和体育之间没有严格的界限。原始人类传授生产和生活技能的教育目的,往往是以身体活动的方式实现的。教育和体育的原始形式处在一个统一体内。

进入奴隶社会以后,为了镇压奴隶的反抗,维护奴隶主的统治,吞并弱小民族或防备邻国侵袭,统治阶级崇尚武力,重视对贵族子弟施行尚武教育和身体训练。在当时的学校教育中,体育内容比重很大、地位很高。例如,古希腊的学校教育把体育列为重要内容,奴隶主子弟从小就要受到严格的体操和军事训练,学习角力、竞走、跳高、掷标枪和游泳。随后在漫长的封建社会时期,体育在一般教育中的地位逐渐降低,其内容在整个教育中的比重相对减少。这主要是受重文轻武思想和宗教禁欲主义的束缚和影响。尽管如此,在当时的武士教育中,仍不乏体育的内容。例如,西欧世俗封建主骑士教育的"七技"(击剑、投枪、骑马、游泳、打猎、下棋、吟诗)的主要内容都属体育。

近代体育是在欧洲文艺复兴以后发展起来的。随着资产阶级登上历史舞台,近代实验科学和人文科学的发展,"三育并重"的教育思想倡行,体育成为一种独立的社会文化现象,并在高校教育体系中越来越受到重视,因而得到迅速的发展。

其实,在我国的春秋战国时期,伟大的思想家和教育家孔子创建了"礼、乐、射、御、书、数"(六艺),其中射、御、乐中均有体育的因素。这些内容正是我国古代高校体育的发端。孔子试图通过这些内容的教学,使学生成为文武兼备的国家栋梁。纵观我国古代高校体育,绵延未断,几经起落。但整个封建社会中,由于受重文轻武思潮的影响,高校体育始终未能在高校教育中取得应有的地位。

1894年,严复、康有为、梁启超等人都认为"德智体三育"在教育上缺一不可。1904年,清政府颁布并实施《奏定学堂章程》,要求"各学堂一体练习兵式体操以肄武事"。这对我国近代教育和体育课程产生了巨大的影响,也推动了近代体育课程的确立,冲破了传统教育重智轻体的束缚。当然,自然体育学说和凯洛夫教育理论对我国高校体育也产生了十分重要的影响。但是我国学者认为,这些会使高校体育理论和实践逐渐失去活力,会对高校体育产生不利影响。

20世纪后期,高校体育逐渐形成新趋势,部分国家实施的"终身体育"和"休闲体育"思想已对世界体育产生了越来越广泛和深刻的影响。

现代社会生产力的高度发展,特别是新技术革命所带来的社会生产力的新飞跃和社会生活的新变化,对增强社会成员的体质提出了新的高要求,促使高校教育在培养全面发展的人中发挥出更大的作用。体育作为教育的一部分也具有了新的特征,出现了新的趋势,如体育教育义务化、体育设施开放化、体育方式多样化、体育手段科学化等等。体育在教育中的重要作用已为更多的人所认识,体育作为一种理论、知识、方法体系已为更多的人所接受。

(二)高校体育的未来发展

传统的高校体育往往忽视主体的参与,缺乏培养学生的体育兴趣、习惯和能力。这是高校体育的一大误区,也是高校体育的失败。没有体育锻炼的习惯,学生在走出校门后,就会中断体育活动,所谓终身体育,就只能是纸上谈兵。

近20年来,高校体育改革和《全国普通高等学校体育课程教学指导纲要》的颁布实施,有力地推动了高校体育教学改革的深入发展。选项课教学在很大程度上满足了学生对于体育课的需求。它重视学生个性的发展,激发了学生的学习积极性,培养了学生的体育兴趣,发展了学生的体育特长,为学生的终身体育意识打下了一个良好的基础。

反思现状,展望未来,高校体育未来应该向以下几个方面发展。

1.未来高校体育发展将以终身体育思想为主导

目前关于我国高校体育的指导思想,可简要地概括为"素质教育""健康第一""体质教育""技能教育""快乐体育""终身体育"6种,还有"成功体育""主动体育"等暂且不提。在高校体育指导思想中,大家谈得比较多的是"素质教育""健康第一""终身体育"。其中,终身体育应该成为高校体育的主导思想。

素质教育体现的是终身教育的思想,其着眼点是"重视培养学生的创新精神和实践能力,为学生全面发展和终身发展奠定基础"。素质教育的基本特点就是强调教育的基础性、全体性、全面性,要求把传授知识与学生能力培养、个性发展紧密结合起来。这与终身体育所重视的培养学生体育兴趣、意识、习惯和能力如出一辙。但是,素质教育是就整个教育中存在的应试教育现象而提出的。从体育的本质特点看,素质教育并不是针对体育而提出的,因此素质教育作为高校体育本身的主导思想就显得不那么合适。

虽然强调"健康第一",但是目前的高校教育对于提高学生健康水平还是处于比较尴尬的境地。为什么会这样?问题不在于我们的理念和目标,而在于我们是否找到并遵循将目标与手段融于一体的高校体育指导思想。从指导思想上看,终身体育体现了"健康第一"的宗旨,而且较"健康第一"更加注重阶段效应与长远效应的有机结合。所以,以终身体育思想为高校体育改革与发展的主导思想,更具理论深度和实践价值。

2.高校体育课教学将逐渐走向个性化和特长化

选项课教学的开展为高校体育课教学走向个性化和特长化打下了基础。选项课教学尊重学生的兴趣爱好,承认学生的个性差异,重视学生的个性发展,《全国普通高等学校体育课程教学指导纲要》比较鲜明地反映了这一趋势。

(1)课程目标

根据学生审题发展水平的差异,高校体育与健康课程的目标分为基本目标与发展目标2个层次。基本目标是根据大多数学生的基本要求而定的,发展目标是针对少数学有所长和学有余力的学生而定的,且发展目标也可以成为大多数学生的努力目标。

(2)课程实施

目前高校体育开展的选项课教学,是由学生选择上课内容,以适应学生对体育课教学的需求。

（3）学习评价

学习评价是对学习效果和过程的评价，主要包括对体能和运动技能、认知、学习态度与行为、交往与合作精神、情意表现的评价等，通过学生自评、互评和教师评定等方式进行。评价应该强化激励、发展功能，把学生的进步幅度归纳其中。

3.高校体育组织形式将更加多样化

高校体育组织形式是指组织学生体育学习与锻炼的具体方法。首先，高校体育组织形式改革应该坚持个性化、多样化、开放化、无形化（重视高校体育传统、风气的建设）等原则。其次，要积极尝试新的有利于培养学生体育兴趣、习惯和能力的体育组织形式。

（1）各类体育社团的兴起

体育社团是由学生自己组织、自己管理的，学生能自由参加。体育社团一般由学生会出面发起组织，由体育部给予支持和指导。体育社团大多以单项体育协会的形式出现，如健美协会、瑜伽协会等。在体育社团中，学生自定协会规章制度，自愿参加，交纳一定的会费，民主选举管理人员，聘请指导教师。这种形式已经在高校出现，今后还将得到进一步发展壮大。

（2）体育俱乐部将成为高校体育的重要组织形式

为了适应学生的不同体育需要，高校将根据自身的条件，组织多种多样的体育俱乐部。这些体育俱乐部大致可以分为2种类型：一是以发展学生体育特长和提高运动技术水平为目的的体育俱乐部；二是以健身、健美、娱乐为目的的体育俱乐部。学生可以根据自身情况选择参加。

（3）非正式体育群体的活动

所谓非正式体育群体，就是学生自由组合而形成的体育群体。这种群体的组成，除体育兴趣外，还受到性别、性格、情感、体育基础等多种因素的影响，具有较强的凝聚力和主体意识。这种群体主要活跃在课外体育、校外体育和节假日体育中，其活动方式不受时间、人员、场地等限制，活动的随意性较大。这种群体可更加自主、自由地开展活动。同时这种非正式体育群体的活动也为高校体育注入了新的活力。

4.高校体育活动形式将更加多样化和小型化

随着高校课外体育活动的开展，学生可以根据自身的身体状况、爱好、兴趣等自主选择锻炼内容，自主确定锻炼目标。因此，高校体育活动形式将更加多样化和小型化。

5.高校体育课将由课内向课外延伸

《全国普通高等学校体育课程教学指导纲要》强调要拓展体育课程的时间和空间,把有目的、有计划、有组织的课外体育锻炼、校外(社会、野外)活动、运动训练等纳入体育课程,形成课内外、校内外有机联系的课程结构,充分利用课外时间和节假日,开展班级体育、寝室体育、郊游等活动,充分利用日光、空气、水、沙滩、田野、森林、山地、草原、雪原等自然环境开展体育活动。高校体育应改变原有模式,走向自然、社会。高校体育应该更加丰富多彩,更加生动活泼,更能够满足广大同学的不同体育需求。

6.一些新兴的体育项目将在高校开展

随着社会的发展,体育的硬件条件已经不再是限制高校体育发展的原因。同时社会竞争的加强要求高校体育在提高学生的心理素质方面做更多的工作,一些新的体育项目也就在高校兴起,如攀岩、生存训练与拓展训练等。这些项目的开展对改善学生的心理素质、团队精神、生存能力和社会适应能力等具有良好的效果,因而这些项目受到学生的认可和欢迎。

二、高校体育的结构与目标

(一)高校体育的结构

高校体育的结构是实现高校体育目的的关键环节。根据《学校体育工作条例》《全国普通高等学校体育课程教学指导纲要》《教育部关于进一步加强高等学校体育工作的意见》的要求,我国高校将逐步推行"完全学分制"。高校体育工作的主要结构有:体育课程、课外体育活动、课余体育训练和体育竞赛。随着高校体育教育的不断改革和发展,体育课程的结构也在不断更新和完善。

1.体育课程

体育课程是高校体育工作的重要组成部分,在培养学生养成良好体育习惯的过程中发挥着重要的作用。体育基础知识、基础技能的掌握,体育兴趣的培养,体育态度的形成,以及体育观念的树立,都是通过体育课程来实现的。体育课程是高校教学计划规定的必修课程。它既是高校体育教育工作的中心环节,又是实现高校体育教育目标的基础和基本途径。

体育课程分为体育理论课和体育实践课 2 个部分。

（1）体育理论课

体育理论课是根据教学计划,在室内讲授体育与卫生保健等基础理论知识的课程。根据实际需要,有的理论课安排在学期开始进行讲授,有的安排在重大体育活动前讲授。体育理论课根据体育理论教材,按照教学计划和课时进度,系统地向学生传授体育科学知识和体育实践方法,加强学生对体育的理性认识和对体育文化内涵的深刻理解,使学生形成体育锻炼的意识、树立终身体育的思想。

（2）体育实践课

体育实践课是以身体练习为基本手段,以教师为主导,以学生为主体,专门开设的体育教学课程,是高校实现体育教育目标的基本组织形式。《全国普通高等学校体育课程教学指导纲要》提出后,我国高校提倡采用"三自主"的教学模式开展体育课程。所谓"三自主",就是学生可以自主选择上课时间、自由选择上课内容、自主选择上课教师。这对学生而言选择更加宽泛,更有利于发挥其参与体育活动的主观能动性。

2.课外体育活动

课外体育活动是体育课的有益补充,是体育教育体系在时间和空间上的延伸和扩展,是高校体育课程的有机组成部分。由于上课时间有限,体育课之余大力开展课外体育活动无疑是培养学生体育习惯的重要途径。

课外体育活动主要有以下几种形式。

（1）早操

早操即清晨体育活动,是学生合理作息制度的重要组成部分。其形式主要根据个人的兴趣爱好来选择。学生每天应坚持20～30分钟的晨练,一般选择散步、健身跑、广播操、武术、太极拳等内容,运动量不宜过大,以免影响学习。学生坚持做早操,不仅是锻炼个人意志、养成良好生活习惯、促进身心健康的有效措施,还是每天学习前的一项准备活动。并且,开展早操对于校风、学风建设,以及校园精神文明建设也有重要意义。

（2）课间操

课间操是在课间休息时进行的时间较短的轻微活动。其活动方式一般以散步、广播操、太极拳等内容为主,时间为5～10分钟较为适宜。课间操可使大脑由抑制转为兴奋,消除静坐上课的脑力疲劳,为接下来的学习提供充沛的精力。

（3）班级体育锻炼

班级体育锻炼是学生结束一天的课程学习之后,进行的有目的、有计划、有组织,以教学班为单位,分组、分项且地点固定的组织活动,以选择篮球、足球、羽毛球、排球、乒乓球等集体项目为宜。班级体育活动可以使学生增强体质,促进健康,陶冶情操,拓展视野,培养集体主义精神。

(4)单项体育协会或单项体育俱乐部活动

单项体育协会或单项体育俱乐部是学生根据自己的兴趣爱好,自主选择、自愿参加的课余体育组织。它是贯彻实施《全民健身计划(2021～2025 中)》的重要组织形式。其职能是宣传、发动、组织、指导所属成员参与课外体育活动,协助高校体育行政部门和学生会体育部开展群众性体育活动及组织课余体育训练和体育竞赛,提高运动技术水平。其主要特征是将体育作为开展活动的一项内容,把个体的自觉自愿归结在单项体育协会或单项体育俱乐部相对固定的计划安排内,实行"自主自律,自我管理,自我发展"的管理方式,通过定期的集体活动提高单项体育协会或单项体育俱乐部的凝聚力。

(5)体育节

体育节是在课外集中一段时间组织全校学生进行的体育活动。体育节时间比较灵活,可用一周或几天,有目的、有计划地组织这一活动。体育节活动内容应该丰富多彩,适应学生的兴趣爱好,既要生动活泼、富有趣味,又要兼顾知识性和教育性。在举办体育节前要做好充分的准备和宣传工作,调动全体学生的积极性,在相对集中的一段时间内为校园创造一种体育活动的热烈气氛。这会对吸引更多学生自觉参与体育活动产生良好的促进作用,也有利于丰富校园文化生活。

3. 课余体育训练

课余体育训练是在群众性体育活动普及的基础上,对部分热爱体育运动、身体素质好又有专项运动特长的学生进行的系统体育训练过程,是贯彻与提高相结合的一项重要措施。

(1)兴趣运动训练队

只要身体素质好,有专项特长,兴趣浓厚,本人自愿,经过批准就可以参加兴趣训练队。项目设置一般根据高校的师资、场地设备、传统运动项目等条件来决定。训练可以是为参加校际或上级组织的比赛,也可以是不为任何比赛,而仅仅是为了增强体质,提高运动技术水平。这种训练队常以单项体育协会或单项体育俱乐部的形式完成训练任务。在这种基础训练队中可以产生以班队、年级队、系队、校队为形式的优秀人才。

（2）高校代表队

组织高校代表队的目的主要是代表高校参加校际或上级组织的比赛,项目设置一般根据高校传统运动项目和上级比赛的竞赛规程来决定,其队数和每队人数均比兴趣训练队少。高校代表队一般由运动技术水平较高、学习成绩合格、思想素质较好的学生组成。

（3）高水平运动队

高校办高水平运动队是我国多层次、多渠道培养优秀运动员人才梯队建设的战略措施,旨在为我国培养更多的高水平运动员开辟一条新的途径。1987 年,国家教委颁布了《关于部分普通高等学校试行招收高水平运动员工作的通知》,确立了 51 所试点高校可以在全国范围内招收高水平运动员(1995 年增为 53 所)。运动项目招收比重最大的为田径项目,其他依次为篮球、排球、足球、乒乓球、游泳。各高校根据实际情况,致力于对局部水平运动队的招生,对学制、训练、管理的探索与创新,为开创竞技体育人才输送渠道和满足国际交往的需要积极创造条件,使课余体育训练逐步走向科学化和系统化。

课余体育训练的目的是提高竞技运动水平。这既是为通过参加不同层次的比赛为高校争得荣誉,又是为高校培养体育骨干,以便指导和推动群众性体育活动的开展。

4.体育竞赛

竞争是体育竞赛的基本特征。体育竞赛既可以培养学生的竞赛意识,又符合学生的竞争心理需求。所以体育竞赛是推动高校群众性体育活动开展的有效组织形式,能起到宣传、教育和鼓励的作用。通过体育竞赛这一形式,不仅可以检查教学和训练情况,总结和交流经验,还可以选拔体育人才。

高校体育竞赛分为校内和校外两大类,经常采用的形式有以下几种。

（1）田径运动会

高校常在春季或秋季举行田径运动会。它的特点是项目多、规模大,能够较为全面地检查高校田径运动开展的情况,进一步推动该项运动的普及和发展。

（2）传统项目比赛

高校可根据自己的实际情况,设置一项或几项传统项目长期开展比赛,如篮球、排球、越野跑、乒乓球、拔河、跳绳等,并要求学生积极参加训练,定期举行传统项目比赛。

（3）对抗赛

对抗赛是不同班级、院系或高校联合组织的比赛。其目的在于互相学习、互相促进、交流经验、共同提高。其特点是规模较小,便于在业余时间进行。

（4）友谊赛

友谊赛与对抗赛基本相同,只是在对象、水平、规则等方面不像对抗赛那样要求严格。

（5）测试赛

测试赛是为了达到一定的标准或者了解运动员进步情况而组织的比赛。

（6）选拔赛

选拔赛是为了组织某项体育活动的运动队（或者代表队）,而进行的选拔运动员的比赛。它可以单独组织,也可以结合其他比赛进行选拔。

（7）表演赛

表演赛是为了宣传体育运动的意义和扩大影响,或者对要开展的项目作示范性介绍而举行的比赛,如武术、艺术体操、广播操等。表演赛可以单独组织或者在运动会中附带进行。

（二）高校体育的目标

要明确高校体育的目标,首先要了解高校体育的任务。高校体育的任务主要包括以下几个方面。

1.全面开展高校的各项体育活动

体育活动是学生进行体育锻炼的载体,开展体育活动不仅是国家教育制度规定的,也是全面培养人才所必需的。高校的体育活动开展的好坏,反映了这个高校的精神文明状态。体育活动能使学生参与运动锻炼,并且能使学生享受运动的快乐。学生是高校的主体,只有发动学生进行各种各样的体育活动,才能使高校工作开展得有声有色,使高校显得朝气蓬勃、奋发向上。

2.传授体育知识、技术、技能,树立终身体育的思想

体育知识是人类知识宝库的一个部分。学生正处于求知欲最为旺盛的时期,系统地学习体育知识、技术、技能和科学的锻炼方法,能够提高体育文化素养,培养良好的锻炼习惯。通过在高校的学习,运用科学的体育知识,能正确指导其今后的体育活动,树立其终身体育的思想。

3.增强学生体质,提高学生机体工作能力,全面发展学生身体素质

体育运动最基本的功能是健身。高校期间是学生从青少年向成年人转化的一个重要阶段,高校体育是完善人体发育的重要手段。高校体育以它特有的组织形式促进学生身体健康,提高其对外界环境的适应能力,增强其对疾病的抵抗能力。体育活动还能开发学生的智力潜能,使学生在身体和智力上得到全面发展。

4.对学生进行思想品德的教育

体育作为文化教育的组成部分,对学生有着多方面的教育功能。体育运动中的对抗、运动时情况的不断变化、获胜或失败后的情感变化等,都对学生的思想存着一定影响,此时也是对学生进行思想品德教育的好时机。对体育活动的参与、参观使得学生在思想上更加成熟,能培养学生在逆境中艰苦努力、永不言败的思想作风,培养学生在胜利后戒骄戒躁、谦虚谨慎、尊重对手的优良作风。体育活动中的团结协作使得学生树立集体主义精神,班级、系级、校级的比赛能培养学生爱班、爱系、爱校最终达到热爱社会主义祖国、热爱人民的思想境界。

5.发展学生竞技体育能力,提高高校运动水平

高校运动队在我国教育体制中和省区市运动队、俱乐部运动队被共同列为竞技体育的最高层次。高校可以利用高校的良好教育氛围、物质条件和科学技术为国家培养优秀的体育运动人才。高校运动技术水平的提高可以激励学生更积极地参与体育活动,推动高校体育活动的开展。高校运动队的表现展现了一个高校的综合实力和精神风貌,可以说高校竞技体育的开展是向外界展示高校的窗口之一,是高校与外界联系的纽带之一。

根据高校体育教学任务,可以得出结论:教学是实现高校教育目的的基本途径,体育教育是实现高校体育目标的基本途径。因此,体育教学目标的正确确定,对高校体育目标的实现具有重要意义。

(1)确定体育教学目标的基本依据:①要反映社会和学生的发展需要;②要根据体育教育的实际条件;③要根据学生的身心特点;④要根据体育教育的功能。

(2)高校体育的教学目标。

①传授体育健康的基本知识,提高学生健康知识水平。使学生熟练掌握2项以上健身运动的基本方法和技能;能够科学地进行体育锻炼,不断提高自己的运动能力;掌握常见运动损伤的预防和处置方法。

②使学生养成良好的行为和生活习惯,增强体质。使学生掌握基本测试和评价体质健康状况的方法;掌握有效增强体质、发展体能的锻炼方法;能合理选用人体需要的健康营养食品,具有良好的体魄。

③保持学生心理健康,进行思想道德教育,培养学生优良品质。使学生能够通过体育运动改善心理状态、克服心理障碍,养成积极乐观的生活态度;能够运用适宜的方法调节自己的情绪;能根据自己的实际情况设立运动目标,在运动中体

验运动的乐趣和成功的喜悦。

④使学生培养体育兴趣,养成进行体育运动的习惯,培养终身体育的意识。通过理论讲授等各种途径,向学生进行体育与卫生保健基础理论知识的教育,并通过科学的体育锻炼过程,提高学生的体育素养;使学生学习和掌握 1～2 项有兴趣、有特长、有延续性的终身体育运动项目的基本技能和科学的锻炼方法,养成经常锻炼身体的习惯,能终身受益。

综上所述,确保学生做到健康第一,促使他们身心全面发展,达到高校教育的要求,培养学生能更好地为社会主义现代化建设和保卫祖国服务而成为全面发展的高素质人才,才是高学体育教育的最终目的。

三、高校体育与学生的全面发展

(一)高校体育与学生身体健康

由于现代科学技术的突飞猛进,人们征服自然和改造自然的能力达到了相当高的水平。生产力的提高、物质生产的丰富,在给人们的生活带来无限好处的同时,也让人们付出了沉重的代价。尽管人们的平均寿命都有延长,但"文明病"成为威胁人们生存的巨大隐患。大面积的环境污染,造成城市居民生存条件恶化;各种营养素的盲目摄入,造成人体内部新陈代谢的紊乱;先进交通工具的普及,人们以车代步导致体育运动不足,致使肌肉处于"饥饿"状态;工作节奏快、生活压力大、社会竞争激烈等因素不仅导致了多种心理障碍与疾患,更重要的是老年人的疾病,如高血压、高血脂等也出现在不少年轻人的身上,使他们处在亚健康或不健康状态。这些问题被人们称为"文明病"。

营养过剩、运动不足、精神紧张、肌体功能退化是造成亚健康的四大杀手。这四大杀手正使"文明病"广泛蔓延,威胁着人们的身体健康和幸福安定的生活。

健康是进行一切生产、生活活动的重要基础和保障,而体育锻炼则是促进健康的最佳途径。高校体育是一种有计划、有组织、有系统的文化教育活动,以身体练习为主要手段,使得学生获得健康观念、建立健康行为、享有健康并为终身享有健康奠定基础。高校体育教育具有鲜明的教育性、健身性、约束性、娱乐性和周期性。它是高校教育的一个有机分子,可以促进高校教育的其他组成部分高效、有序运转。

1.高校体育对身体发育的影响

我们可以将人体生命的全部过程大致分为 3 个时期,即儿童少年时期、青少年时期和中老年时期。不同的时期生长发育的速度不同,但是,虽然总的发育规律不可以改变,但是变化的速度是可以控制的。

(1)对身高的影响

有学者通过横向调查和追踪调查发现,经常参加体育锻炼的青少年,其身高要高于不经常锻炼的青少年。青少年时期是人体生长发育的最佳时期,也是人的体型、体力和健康奠基的关键时期。此时,后天因素对机体的影响比任何时期都大。实践证明,经常参加体育锻炼对身高、体重、围度、身体机能和素质等指标的可塑程度可以达到 50%～70%。

(2)对体重的影响

体育锻炼是调节体重的重要因素,可以使得身体成分明显改变,改变程度根据训练强度和时间而变化。体重除了受先天遗传的影响,还受到新陈代谢的影响。如果人体吸收的物质(或能量)多于消耗的物质(或能量),体重就会增加,反之体重就会下降。而体育锻炼可以有效地消耗体内脂肪,避免皮下脂肪过多,能增加瘦体重,从而改变体形,使得身材更加匀称。

此外,人体血浆中的瘦素是影响体重的重要物质。它是由肥胖基因编码的一种分泌性的蛋白质,其主要功能是调节人体能量代谢及体重。人体血浆中瘦素水平与人体脂肪含量成正比,瘦素及其受体基因突变可以导致病态肥胖。有研究表明,有氧耐力训练可以有效降低锻炼者体内的瘦素水平,从而避免肥胖或者降低肥胖水平。

(3)对骨骼的影响

坚持体育锻炼,可促进人体血液循环和身体代谢,确保有充足的营养物质供给骨骼,从而促进骨细胞生长发育,使骨密质增厚,骨小梁的排列根据压力和拉力不同变得更加整齐、有规律,骨表面的突起更加明显和粗糙,更有利于肌肉和韧带牢固地附在骨骼面上。科学研究和实践都表明:坚持体育锻炼的人的骨骼要比一般人的骨骼粗壮、坚固和稳定,其骨的抗折、抗弯、抗压和抗扭曲性都比较强,生长发育较好。

(4)对肌肉、关节和韧带的影响

实践证明,坚持体育锻炼的人的肌肉重量要比一般人增加 10%～15%,显得肌肉丰满、结实、有力、匀称、协调和有弹性。坚持体育锻炼能增强关节周围肌肉和韧带的收缩性和弹性,同时也使得关节囊增厚、关节摩擦增加,所以关节活动显得更加灵活、敏捷、幅度大。肌肉、关节对良好身体形态的形成起着至关重要的作用。

2.高校体育对身体机能的影响

（1）改善心血管的结构和功能

科学的体育锻炼对心血管的结构和功能会产生不同程度的良好影响。运动时由于肌肉的紧张活动,心脏的工作量增加,心脏毛细血管开放增多,心肌的血液供应和新陈代谢增强,长期坚持增加了心肌中蛋白质和糖原的储备;同时心肌细胞变粗,心肌增厚,心肌的收缩力增大,心脏容量增加,使得心脏每搏输出量增加。

体育运动可以提高身体对疾病的抗御能力,对很多心血管疾病,如冠心病、心肌梗死、高血压、低血压、动脉硬化等都有防治作用。这是因为体育运动能够使心肌兴奋性提高,收缩力增强,使冠状动脉扩张,从而改善心肌代谢。同时体育运动也可以减少脂肪在血管壁的沉积,保持和增加血管壁的弹性,增加管径,增加高密度脂蛋白胆固醇的含量,缓解动脉硬化,使血液中纤维蛋白溶解酶的活性增强,减少血小板的黏结能力,从而减少冠状动脉血栓的形成等。

（2）改善神经系统的功能

神经系统是人体活动的最高司令部,人的运动是神经系统的一种反射活动,是与返回的信息形成回路的神经联系。人体在进行运动时,信息由感受器传入,通过神经中枢的反馈,再从感受器返回大脑进行改进。这种反馈促进动作技能的形成,使得动作变得更加协调准确。神经系统经常重复这个过程,能够改善神经系统的平衡性、灵活性和持久能力,达到抗疲劳、协调平衡的效能,同时提高大脑的分析、综合和判断的能力。所以练习对神经系统要求高的项目,将极大改善神经系统的功能。

坚持体育锻炼,可以使大脑对氧的利用率从 25% 增加到 32%,保证了充足的氧气利用。营养物质提供给神经系统,能促进脑细胞的生长发育,使得大脑皮层的沟和回数目增加,大脑皮层增厚,整个大脑重量增加,增强人的复杂思维能力。

（3）改善消化系统的功能

体育运动时,体内代谢活动加强,能量物质大量消耗,机体必须通过消化系统摄取营养,为运动提供动力。这就需要改善消化系统功能,更好地吸取养料,来满足机体的需要。经常进行中、小运动量的体育运动,可以促进消化系统功能更加完善。实践证明,经常参加体育锻炼的人对食物中的营养吸收得好,不容易使热量过剩从而造成肥胖。体育锻炼能够增强腹肌,强化消化道的平滑肌,使腹腔内的消化器官保持位于正常位置,有效预防内脏下垂和便秘。

消化和吸收是由中枢神经通过交感神经和副交感神经来运作的。"思伤脾""气伤肝"是中医对精神因素与脏腑关系的总结。任何痛苦和悲伤、忧郁和焦虑等情绪都会致使胃、脾功能下降,引起消化功能和吸收功能紊乱,导致诸如消化不良、慢性胃炎、胃下垂、便秘,甚至胃溃疡等肠胃疾病。而情绪的改变与中枢神经系统活动有直接关系,会涉及全身各重要器官的功能。实践证明,经常参加体育运动,可以使人精神振奋,情绪乐观,从而改善消化系统的功能。

（4）改善呼吸系统的功能

人的肺有 3 亿～4 亿个肺泡,如果将肺泡一个个摊开,其总面积为 70～80 平方米。安静时,由于人体需氧量不多,大约有 5% 的肺泡工作就可以满足身体对氧的需求。当进行体育锻炼时,由于肌肉活动,人体需氧量增加,促使大部分肺泡参与工作。因此运动对保持和改善肺泡弹性十分有益。

人在进行体育锻炼时,呼吸频率加快、深度增加,增强了呼吸肌的力量,增加了肺通气量,使呼吸器官得到了良好的锻炼和增强。经常锻炼能促进胸廓发育,增大胸围、肺活量,改善呼吸频率,增加呼吸深度,提高呼吸率。经常参加体育锻炼能提高机体耐酸和抗缺氧的能力。

呼吸运动受呼吸中枢的控制,受呼吸器官本身的各种感觉器传入冲动的反馈调节控制。骨骼肌和关节活动,温度及血液化学成分的改变,都会影响呼吸中枢的兴奋性。

经常参加体育锻炼的人,呼吸中枢的兴奋性高,对血液化学成分的改变敏感。随意停止呼吸运动的持续时间长短是评价组织呼吸强度和呼吸中枢对缺氧、二氧化碳增多的耐受程度的重要指标。优秀运动员随意停止呼吸的持续时间较长,而且对膈肌的控制稳定。他们在恢复呼吸时,血液的氧合作用也恢复得特别迅速。

（5）预防疾病、抗衰老、延年益寿的功能

人的生长是人体细胞不断繁殖和细胞间质不断增多的结果。人的发育是人体细胞不断分化、器官不断发展、机体逐渐成熟、形态逐渐完善的结果。发育与生长是相互联系的,但前者为复杂,并且受到各种条件的影响。人体是一个统一、完整的有机体,由许多细胞构成。在长期的进化过程中,人类的细胞已经高度分化,具有不同的结构和不同的功能,组成了各种功能的器官、系统。任何科学的体育锻炼,都能促进机体的全面发展,保持内部与外界环境的平衡,延缓各器官、系统功能的衰退进程,起到预防疾病、健身美体、抗衰老、延年益寿的作用。

(二)高校体育与学生心理健康

根据1946年召开的第三届国际心理卫生大会,国际心理卫生联合会对心理健康做了如下定义:"所谓心理健康,是指在身体智能以及情感上与其他人的心理健康不相矛盾的范围内,将个人心境发展成最佳的状态。"心理健康是以系统健康为基础的,是个体能够保持对环境作出良好适应,并能保持旺盛的生命力,充分发挥身体潜能的心理状态和心理适应能力。或者说,心理健康是个体在各种环境中妥善处理和适应人与人之间、人与社会之间的相互关系,并积极调节自己的心态,顺应环境并有效地、富有创造性地发展和完善个人生活,完善自我,使心理始终能保持一种良好适应和效能状态。

1.大学生存在的心理健康问题

大学生正处于青春发育后期,人生观日渐形成并趋于稳定,自我意识得到发展,开始由认识外部世界转向认识自我、评价自我,出现了一系列的自我意识的矛盾。因此大学生较容易产生心理障碍和心身疾患。

(1)大学生的学习类问题

大学生的主要任务仍然是学习,因而学习类问题仍然是造成大学生心理健康问题的主要因素,具体表现如下。

第一,大学生学习的心理压力越来越大,造成精神上的萎靡不振,从而导致食欲不振、失眠、神经衰弱、记忆力下降、思维迟缓等。

第二,考试焦虑,特别是遇到较为重要的考试时大学生焦虑更加严重,甚至出现焦虑泛化现象。

第三,厌学是目前学习活动中比较突出的问题。不仅是成绩差的同学不愿意学习,一些成绩较好的同学也会出现厌学的现象。

第四,学习内容和方法的变化引起的心理问题。大学的学习特点、方法与中学相比发生很大的变化。中学的教学方式一般以灌输为主,大学的学习以自学为主,大学生在学习上要有独立性和主动性。这种学习方法上的改变,要求大学生由态度上的被动随从向主动自觉转变,由教师灌输向自主自学转变,由追求分数向真正获得知识和能力转变。这些要求使得大部分大学生感到不适应,茫然不知所措,心里有压抑感。

(2)大学生的人际关系问题

进入大学以后,大学生的人际关系发生了变化,如果处理不好,也会给大学生带来心理压力,具体问题如下。

第一,迅速社会化。中学生的人际关系比较简单,然而进入大学以后,同学们来自四面八方,并且大家气质不同、认识各异,使得学习生活环境发生了变化。这一迅速社会化的过程对大学生的人际交往能力提出了极大的挑战。大学生的人际关系问题表现为沟通不良、交往恐惧、人际关系失调、人际冲突、孤独无援、缺乏社交基本态度及技能、产生代沟等。

第二,恋爱问题。大学生正值青春发育后期,仍然存在身体发育迅速成熟与心理发育相对幼稚的矛盾。大学生涉世未深,受认知能力和个性发展的限制,处理爱情与学业、爱情与婚姻、爱情与责任等的关系问题对他们仍是极大的挑战。恋爱问题表现为异性交往困难、陷入多角关系不能自拔、单相思苦恋、失恋的痛苦等。

(3)大学生的青春期心理问题

大学生并不是完全意义上的成年人,仍然处于青春发育后期,有着青春期的一些心理问题,具体表现如下。

第一,青春期闭锁心理。青春期闭锁心理的主要表现是趋于关闭、封锁的外在表现和日益丰富、复杂的内心活动并存于同一个体。可以说闭锁心理是青春期心理的一个普遍存在而又特殊的标志。

第二,情感激荡、表露而又内隐。青春期生理的剧变,容易引起情感的激荡。这种激荡的情感有时表露有时内隐。例如,一个微笑就可以使他们情绪飞扬,感到兴奋,然而尽管他们内心激动、高兴或苦恼、消沉,表面上却表现得很平静。他们有话有秘密想跟人倾诉,可是在人前又默默不言。这种情况如果得不到理解,便会出现压抑心理,进而导致焦虑与抑郁。

(4)大学生的挫折适应问题

大学生的挫折涉及学习、人际关系、兴趣、愿望、自尊等多个方面。其原因有客观因素及主观因素。面对挫折造成的困难与痛苦,大学生的适应方式有 2 类:消极的挫折适应方式与积极的挫折适应方式。消极的挫折适应方式一旦习惯化、稳定化,在一定的情境中挫折状态即使有所改变,其行为仍以习惯化的适应方式出现。于是,消极的挫折适应方式也就转化为较为严重的、需要长期耐心解决的心理健康问题。

(5)大学生的择业压力问题

经济发展产生的就业需求与高等教育的现状不匹配,教育模式与产业结构不相适应,高校专业设置滞后于企业需求,就业指导与分配派遣中存在某些障碍等原因,致使我国大学生面临空前的择业压力,具体表现为缺乏职业选择的主动性、不了解与自己个性能力相匹配的职业领域、对面试缺乏自信、过于追求功利、缺乏走上社会的心理准备等。

2.高校体育对大学生心理健康的促进作用

大学生作为国家社会文化层次较高的群体,是国家未来的建设者。充满活力、身心健康的大学生在一个国家的整体素质的提高中有着举足轻重的地位。大学时期是一个人生理和心理发展趋于成熟的关键时期,也是一个人发展过程中从不成熟过渡到成熟的重要阶段。现代大学生所面对的是一个知识密集、充满激烈竞争和挑战的信息时代,全面提高大学生的身体素质和心理健康水平势在必行。体育锻炼对大学生心理健康的影响主要有以下几点。

(1)发掘大脑潜力,促进智能发展

经常参加体育锻炼可以提高智力,不仅可以使锻炼者的注意力、记忆力、反应能力、思维和想象力等能力得到提高,还可以使锻炼者情绪稳定、疲劳感下降等。这些非智力成分对人的智力功能具有促进作用。

(2)培养良好的意志品质

意志品质是指一个人的果断性、坚韧性、自制力,以及勇敢顽强、主动独立的精神等。意志品质既是在克服困难的过程中表现出来的,又是在克服困难的过程中培养起来的。在体育锻炼中,锻炼者要不断克服客观困难(如气候环境条件的变化、身体运动能力的限制或意外等)和主观困难(如紧张、畏惧、失意等)。他们越能努力克服各种困难,也就越能培养良好的意志品质。

体育锻炼的内容没有固定的模式,也没有时间、空间上的限制,因而具有很大的灵活性和可选择性。学生可根据自己的兴趣爱好、需要、特长和身体素质,自主地选择更适合自己特点的运动项目和控制运动量,使人格特征更容易在运动中表现和发展。一些团队项目中,学生们大多是进行自由组合和分组,其中的组织与协调工作均由学生自己负责。在此过程中,同学间的感情更容易建立和加深,集体荣誉感、负责感等社会高级情感也得到锻炼和培养,学生的人际交往能力和社会适应能力也得到发展。有关体育锻炼与心理健康的实验研究证明,体育锻炼对人格的培养有积极效应。

(3)提高体育锻炼兴趣,培养终身体育的意识和习惯

体育锻炼内容丰富多样,对学生更具有吸引力。在这种轻松、自主的活动中,学生可以更多地领略和体会体育锻炼中的乐趣,愿意积极主动地参加和长期坚持体育锻炼,使其身心健康的发展更加协调和持久。这样对一些焦虑、抑郁等消极

情绪的控制调节和治疗作用更为显著。更多的研究证明,运动愉快感是使运动的心理健康效应达到最大值的一个重要因素。运动愉快感本身具有直接的健康效应,使参加者更容易获得积极的心理健康状态。

温克尔等人的研究发现,如果参加体育活动能够使参加者得到娱乐、增强社交能力、满足好奇心、释放竞争欲等,则他们会更加自觉、更加投入地坚持运动。如果参加者不能从中得到这种满足,且体会不到愉快感,则会厌倦运动,直至放弃运动。只有培养参与者对体育锻炼的兴趣,使参加者体会到体育运动的乐趣,提高参加者的锻炼积极性,才能使参加者的内心产生强烈的积极心理反应,才能使其持之以恒地锻炼,从而产生长期的心理健康效应。

(4)体育运动可以调节情绪、减缓应激和增进心理健康

心理学家认为,体育锻炼是使中枢神经系统得到适度的激活并达到愉快水平的重要途径。适度负荷的体育锻炼能促进人体释放一种多肽物质——内啡肽,能使人们在进行锻炼后直接感受到舒适愉快的心情。经常进行体育运动可以转移个体的不愉快情绪和行为。适量参加自己喜欢的体育锻炼,可使锻炼者从中体验运动的愉快,并在锻炼后产生满足感、愉悦感等积极情绪。

长期有规律的中等强度的体育锻炼有助于情绪的改善。学生常常因为学习的压力、同学间的竞争、人际关系的复杂以及对未来前程的担忧而持续紧张、焦虑和不安。经常参加体育锻炼,可以使这些不良情绪得到改善,增强心理承受能力;经常参加体育锻炼,可以消除疲劳、减缓应激。体育锻炼可以作为一种发泄方式,将各种烦恼、焦虑、不安等应激情绪发泄出去,从而促进心理平衡,增进心理健康。

(三)高校体育与学生社会适应

在现代社会中,人的社会适应能力越来越受到高校教育的关注。提高学生的社会适应能力是高校体育的功能之一。

社会适应,也称为社会健康,是指个体与他人、社会环境的相互作用,是处理好人际关系和扮演好社会角色的能力。有此能力的个体在交往中有自信和安全感,与人友好相处,心情舒畅,少有烦恼,知道如何结交朋友、维护友谊,知道如何帮助别人和向别人求助,能聆听他人意见、表达自己的思想,能以负责的态度行事并在社会中找到适合自己的位置。

1.对社会适应的评价

可从以下几个方面对个人的社会适应做出好的评价。

第一,能接受与他人的差异。

第二，能与同性或异性交朋友。

第三，能主动与人交往，有稳定而广泛的人际关系。

第四，能与家庭成员和睦相处。

第五，当自己的意见与多人意见不同时，能保留意见和继续工作。

第六，有1～2个亲密朋友。

第七，共同工作时能容纳他人，能接受他人的思想和建议。

第八，交往中能客观评价他人，自我批评，取人之长，补己之短。

社会适应差的人有些在与别人交往时，总是牢骚满腹，总觉得别人是欠他的，没有耐心听取他人劝告或建议，拒绝从他人的立场考虑问题；也有些对人际关系表现出恐惧心理，害怕与他人接触，使自己形成孤僻的性格，不容易被别人所接受。

2.社会适应差对身心的影响

（1）人际关系出现障碍

人类心理适应，最主要的就是对人际关系的适应，所以人类心理病态主要由人际关系失调而来。有研究表明，人际交往越广泛，寿命越长。在美国，有研究者对6900名成年人进行了为期9年的观察，结果发现，社会交往少的人死亡率为30.8%，而社会交往多的人死亡率只有9.6%。

（2）对社会环境不适应

对社会环境适应能力差的人容易对各种社会关系看不惯，只看到社会的阴暗面，对社会进步性不予接受，不知感恩社会，反而对社会充满失望，继而产生各种精神疾病，甚至自杀。

（3）对家庭不适应

人面对家庭扮演了不同角色，为人子、为人夫、为人父等。而有些人却不能适应这些角色更替，面对各种责任和压力，总是感觉身心疲惫，甚至产生恐惧感，影响自己的身体健康和心理健康。

3.高校体育对学生社会适应的影响

（1）高校体育能够培养学生适应社会的合作意识和团队精神

合作是建立在团队成员对团队目标认识相同的基础上的。在合作的社会情景中，个人所得有助于团队所得。合作的优越性体现在个人与他人一起工作时获得的社会效益，如增加交流、互相信任等。在进行一些相互依赖的运动项目时，合作会使该项目的进行变得更为有效，因此团队要获得成功，团队成员就必须相互协作、共同努力。

合作能力既是体育活动参与者必备的素质,也是通过体育活动需要发展的一种能力。学生进行体育活动,特别是进行集体性的体育活动,需要自己与他人的通力合作。这不仅能实现集体的目标,还能充分地发挥个人的作用。加上现代社会科学技术快速发展,知识与信息纷至沓来,各个学科相互渗透,社会分工既精细又要求互相合作,因此每一个现代人都必须具备合作精神与能力。学生经常性地参加体育活动,特别是参与集体性的体育活动,有助于学生加强合作意识、培养团队精神。

体育竞技中的许多团体项目,如篮球、排球、足球等已经普及,人们在投身于这些运动、强身健体的同时,学会了如何恰当地处理个人与集体的关系,如何融入集体、与他人沟通及合作,并在其中强化了个人的组织性和纪律性。

(2)高校体育有助于学生人际关系的改善

人是社会的基本构成单元,人对社会的适应从本质上来讲是自身对他人的适应,能否成功地与人交往、与人沟通是人能否与社会适应最直观、最客观的体现。体育运动使人们相聚在运动场上,进行平等、友好、和谐的练习和比赛,使人们相互之间产生亲切感,尤其是集体项目可以使直接参与者及间接参与者结识更多的朋友,使他们之间的关系变得更加和谐友好。

体育锻炼的任何一个项目,都有其规定的技术动作和运动要求,所有参与者在锻炼过程中都需要学习和练习,都需要讲解与示范,都存在对技术动作的纠正和完善。无论是自我纠正和完善,还是互相纠正与完善,都需要相互配合和主动沟通。特别是在集体项目中,每个人能否在完成自己任务的同时与同伴协助配合,与竞赛的赢输关系重大。这也要求运动员之间必须有良好的合作。经常参加体育运动可以使人忘却烦恼和痛苦,消除孤独感,并逐渐形成与人交往的意识和习惯,促使良好人际关系的形成。

(3)高校体育有助于提高学生的心理素质,从而提高其社会适应能力

体育的显著特点是竞技性强,凡是比赛都要争高低、论输赢。体育运动的过程必然伴有成功的喜悦和失败的失意。在成功与失败之中,人们学会了享受成功、承受失败,学会了胜不骄、败不馁,人们的心理承受能力与心理适应能力在不断的锤炼中得到了显著的加强。

(4)高校体育有助于塑造学生的健全人格

在体育运动中人要承受一定的生理负荷。这就要求学生不怕困难,不怕艰辛,在克服困难的过程中锻炼顽强的意志和坚持不懈、吃苦耐劳的优良作风。体育运动多种多样,有的要求快速,有的要求耐久,有的动作复杂惊险,

有的动作变化无穷。这就要求学生勇敢地去尝试,果断地做判断。而以上这些优秀的品质对一个人适应社会竞争、胜任社会角色都有着深远的意义。此外,绝大多数的体育项目都伴随着高强度的对抗。这是一个侵犯与被侵犯、忍让与被忍让、尊重与被尊重的过程,学生参与其中,可以学会彼此尊重、彼此体谅。

(5)高校体育有助于学生体验不同的社会角色,树立正确的价值观

一个人要符合社会的要求,就必须学会接受适当的社会角色,而各种体育运动的场合有机会让学生体验不同的角色和"做什么,怎么做"的社会意义,为他们走向社会打下基础。

虽然时代不同,社会主流价值观所包含的价值取向也不统一,但是都离不开对和平、自由、平等、幸福、友谊等具体价值内容的追求。体育锻炼因其宗旨、方式、结果都对价值观所涵盖的内容具有积极的影响作用,可以培养、塑造学生适应当今社会的正确价值观。

(6)高校体育有助于学生适应社会发展的生活方式

当前,由高科技开创的文明与繁荣,使人们的生活水平有了极大的提高。同时,尽管闲余时间不断增多,但工作压力加大、生活节奏加快等因素,导致现代"文明病"多有发生。基于这种现状,为了防止体力衰退,学会生存,提高生活质量,人们必须选择文明、和谐、健康、活泼的活动方式去善度余暇。人们在对各种活动方式进行认真比较之后,更寄希望于丰富多彩的体育运动,把它作为现代生活方式的重要内容和明智选择。体育运动具有动态性、趣味性、娱乐性、保健性与休闲性,不仅可以通过人的肢体活动,使高度疲劳的神经系统得到休息,还有调节身心平衡、丰富生活内容、提高健康水平的功能。

为了解决身体对社会的不适应性,学生可以通过体育锻炼掌握运动技能,并以这种快速、敏捷的活动方式,提高人体对快节奏生产、生活的应变与耐受能力。

(7)高校体育有助于丰富学生情感生活

现代人的情感表现为责任感、道德感、追求感等。体育运动以其群体约束力和积极主动性,激励着参与者养成高度的责任感,和同伴密切合作;以其严格的规则,规范着参与者的行为,促使参与者养成良好的道德规范;以其具有胜负要求的特性,促使参与者竭尽体力和智力去追求胜利的目标。同时,在高校体育里,学生可以对集体有信赖感和依托感。所以,经常参加体育运动和锻炼能使学生在成功与失败、竞争与退让之间不断拼搏、不断抉择,充分享受各种复杂情感的陶冶和体验。

第二节　高校体育管理学概述

一、高校体育管理的概念

（一）高校体育管理的定义

高校体育既是高校教育的重要组成部分，又是体育管理的重要分支。所谓高校体育管理，就是高校体育的管理者通过一定方式整合资源，以实现高校体育目标的一种活动。

我国高校体育的根本目标是增强学生体质、促进学生身心健康、培养学生的终身体育意识及能力，使其成为德智体美劳全面发展的社会主义事业建设人才。高校体育目标还可以划分出一定的层次。高校体育总目标根据各项体育工作特点与要求，可以分解成下一个层次的目标，如体育课程目标、课外体育活动目标、课余运动训练目标、体育竞赛目标、科学研究目标等。这些目标还可以分解成更具体的目标。高校体育目标的结构及层次反映出高校体育的目标体系。不同目标在这个体系中共同配合，以实现高校体育的总目标。而通过对高校体育各项工作的管理，就可以逐步实现上述高校体育的不同目标。因此，高校体育管理的重要目标及任务就在于通过各种管理职能合理地整合资源，发挥资源利用的最大价值，以保证各项高校体育目标的实现。

我国高校体育管理的任务包括：明确高校体育工作开展的指导思想和高校体育发展目标；建立和健全高校体育的各级管理机构，制定一整套管理法规并明确各有关管理机构和人员的管理职责；科学地制订高校体育管理的各种计划和文件，使之适应高校体育发展的需求；合理地组织管理高校体育各方面、各环节的活动，确保各项活动低耗、高效地顺利实施；协调高校体育各管理部门和高校体育内、外部的各种关系，为高校体育工作的顺利开展提供必要的物质、技术支持以及创造良好的育人环境；定期和不定期地对高校体育管理工作进行检查评估，促进体育教学质量的不断提高和学生体质的不断增强。

(二)高校体育管理的原则

高校体育管理必须依据国家教育方针,国家各时期教育改革和发展规划,《学校体育工作条例》,有关部门对高校体育工作的要求、规定及高校工作规划等方针政策,对高校体育工作实行系统管理。高校体育管理的原则主要包括整体性原则、计划性原则、导向性原则和可控性原则。

1.整体性原则

高校体育管理是高校教育管理的一个组成部分,要为实现高校管理目标服务,培养学生成为德智体美劳全面发展的社会主义建设人才。高校体育管理应该建立在这一目标上,开展各种工作。这样才能真正摆正高校体育管理的位置。既要防止片面夸大体育在高校教育中的作用,又要充分发挥体育在增强学生体质、培养学生意志品质、形成良好校风、活跃校园文化生活中的作用。还要从整体上协调好高校体育工作的各方面关系,正确处理体育课程、课外体育活动、课余体育训练及体育竞赛之间相互联系、相互制约的关系,充分发挥它们各自的作用,根据各个时期高校的任务及实际情况,突出重点,使之能始终围绕完成高校教育目标、高校体育目标开展工作。

2.计划性原则

高校体育计划是指对高校体育工作的具体安排及规划。高校体育计划管理要求对高校体育整个系统作出全面的部署,从宏观管理到微观管理,统一计划、统一实施。在宏观上要以《学校体育工作条例》为准则,提出实施细则,明确完成任务的具体措施。在微观上要明确高校体育各方面的具体任务及责任,根据高校的实际情况及高校整体管理的要求,制订全面实施计划并加以贯彻落实。计划是管理过程的首要环节,无论制订哪一方面的计划都应该遵循这一规律。例如体育教学工作,首先应制订全年教学工作计划,其次应制订学期教学工作计划,再次应制订单元教学工作计划、制订课时计划、编写教案,最后才能执行和实施这些计划。可以说,没有计划,就无法完成任务。无论哪一项工作计划,在实践中都必须不断接受检验,及时修改与调整。

3.导向性原则

高校体育管理的目标在于完成国家赋予的"育人"的重要任务。国家对学生提出要德智体美劳全面发展。根据这一目标,高校应结合各个时期的工作重点,提出不同阶段的工作目标。因此,作为子系统的高校体育管理系统必须依据各级政府及有关部门所制定的阶段发展规划,结合每一时期(阶段)本地区高校体育发展水平,制订出相应的措施及办法。

4.可控性原则

可控性原则就是指在实施目标过程中,通过不断检查、评估和控制,保证整个系统顺利地开展工作。高校体育管理的控制主要通过检查评估来执行,通过检查评估发现在实施目标过程中哪些工作得到贯彻落实,哪些工作在执行中出现问题,哪些方面需要作出修改。评估结果及意见反馈到决策部门后,要对出现的问题加以修正,使目标更切合实际。例如在体育教学中,教师按预定的方法组织学生练习,在练习过程中,教师通过学生的练习作初步评价,根据学生掌握情况及时调整或改变教学方法,以便更好地完成预定的教学目标。

(三)高校体育管理的特点

1.教育性

高校体育具有教育这一重要功能,因此,对人的教育与管理要特别突出"以人为本",充分调动教师、学生及各级各类管理干部的积极性。这是提高管理效益的重要环节。在制定与执行各种体育管理法规的同时,思想教育要始终贯穿高校体育管理的全过程。特别是对学生体育的管理工作,更应将"育人"放在首位。

2.方向性

方向性是指高校体育管理必须坚持以马列主义、毛泽东思想、邓小平理论为指导,贯彻党的教育方针,为实现高校教育的总目标服务。因此,高校体育各个层次的工作人员都要明确高校的基本目标、任务是培养合格的适应社会主义现代化建设需要的"四有"人才,要摆正体育在高校教育中的位置,正确处理体育与其他教育活动之间的关系,使之通力合作,以实现整合效应。

3.阶段性

首先,不同年龄阶段的学生具有不同的成长的阶段性特点;其次,高校工作是按学期或学年来安排的,上、下学期的体育教学内容应具有一定的差异,从而使每学期的工作保持一定独立性。因此,不同的学期、不同年龄段的学生管理,应体现出阶段性的特点,并在管理方式上有所区别。

4.系统性

高校体育教育是一个复杂的、多变的动态系统,在运行中出现的各种问题如不及时解决,就会干扰高校体育工作的健康发展。要使该系统运转协调,就必须不断提高高校体育的管理效能。为此,需要建立一个强有力的整合系统,完善各种制度及控制手段,不断获得各种管理信息并及时反馈,以维持高校体育管理系统的动态、良性发展。

二、高校体育管理的内容

高校体育管理的内容是指围绕高校体育工作所肩负的目的、任务而进行的一系列活动内容。对高校体育管理内容实施科学化管理,将管理职能和管理方法进行具体操作应用,是保证高校体育管理目标顺利实现、计划顺利实施的应用性工作,也是高校体育管理学的目的所在。高校体育管理的内容很多,我们主要介绍以下几个方面。

(一)体育课程管理

体育课程管理要以最大限度地改善学生的身心健康为最高目标。要达到这样的目标,必须对体育教学工作的主要形式——体育课进行规范,保证体育课达到育人的要求。

1.体育教学课前管理

加强体育教学课前管理,可以对体育教学过程进行事先控制,有利于体育教学工作做到有的放矢。具体内容包括以下几方面。

第一,调查学生的兴趣、爱好、性格特征、身体健康情况,摸清学生的特点,为体育教学工作的决策做准备。

第二,对体育教学的场地、器材进行规划、整理,满足体育教学的最大要求。

第三,在充分调查研究的基础上,根据高校体育教学工作的要求,制订出全年教学工作计划、学期教学工作计划、单元教学工作计划和课时计划。

第四,把各项计划上报体育教研室(组),分析各项计划执行的可行性,最终落实各项计划,并进行计划控制。

2.体育教学课中管理

体育教学课中管理,主要要求严格按照课时计划来进行课中教学,达到教学目的和要求。体育教学课中管理的具体内容包括以下几方面。

第一,有没有教学常规,或教学常规运用是否规范。

第二,教学组织过程的程序性如何,有没有严格的流程。

第三,场地器材的布置是否合理。

第四,对突发事件处理的条理性。

3.体育意外伤害事故管理

体育意外伤害事故是指在体育活动期间发生的人身伤害或者死亡事故。人身伤害是指肢体残疾、组织器官功能障碍及其他影响人身健康的损伤。高校对于体育意外伤害事故管理,应做到以下2点。

(1)体育意外伤害事故的预防措施

这主要包括:高校应当根据国家及省、市、区有关规定,确保教学和生活的设施、设备符合安全标准;高校应当教育和监督教职员工履行职责,根据实际情况采取必要措施,预防和消除可能造成学生人身伤害的危险;高校应当按照学生不同年龄的生理、心理以及教育特点,建立、健全各项管理和保护学生的规章制度;高校应当健全各项安全保障措施,活动场所和设施应当符合安全标准;高校在进行规模较大的文体活动时要进行必要的安全检查并要求活动管理者严格遵守操作规程。

(2)发生体育意外伤害事故后的现场处理及管理

这要求做到以下几点。第一,正确地判断并实施相应的抢救措施。应根据体育意外伤害事故的性质做出正确的判断并实施相应的抢救措施,轻伤者可送医务室医疗,重伤者或者生命危险者应立即转送医院抢救。第二,及时通报。发生重大的体育意外伤害事故时应立即通知家长、高校领导和当地派出所或有关部门,并详细汇报体育意外伤害事故发生的时间、地点、原因、后果与处理措施等。第三,填写有关体育意外伤害事故的报告。报告的内容应实事求是,必要时应提供人证和物证。重大的体育意外伤害事故如发生意外死亡,最好请当地的法医出具鉴定报告。

4.体育教学质量评估

体育教学质量评估是体育教学管理工作非常重要的一环。它有利于调整决策思路、改善管理措施,使体育教学工作迈向新的台阶。教学质量评估与检查的形式主要是全面质量检查和抽查。全面质量检查即对教学过程中的每一个环节进行考核。这些环节包含对高校体育教学计划的理解、对各项高校体育教学法规的认识、教案撰写的科学性、体育教学组织的条理性、体育教学过程的清晰性、学生的达标情况等。抽查是分管高校体育工作的领导或体育教研室(组)对体育教学工作情况进行的不定期的、随机的检查。检查内容可以是一堂体育课,也可以是教案、教学活动过程的任一环节。无论是全面质量检查还是抽查,质量评估的目的一定要清楚,质量评估的要求要规范,应当有相对统一的评估标准,以便及时地对体育教学工作进行衡量,找出制约因素,并宣传典型榜样。

由于体育教学工作主要是通过体育课的形式来展现的,因而评价体育课上得怎么样尤为关键。它直接关系到体育教学质量。评价一堂体育课教学优劣的标准主要根据以下几个方面来制定。

(1)教学目的是否清楚,有没有体现健康第一的人本思想的要求

教学目的是一堂体育课的教学主旨,是评价一堂课的主要尺度。一般来说,衡量一堂体育课教学是否达到目的,主要看课程内容安排是否符合学生的身心发展要求,是否把学生摆在了一个教学主体地位上,是否能发挥学生的潜能。

(2)教学的系统性强不强,有没有体现一堂课内容的完整性

衡量教学的系统性主要看教学内容在搭配上有没有连贯性,体育教学内容的重点与难点是否合理地融入体育教学过程,教学组织与分工上的程序性是否符合体育课教学的节奏。

(3)教学方法运用是否恰当,有没有体现方法运用的科学性

教学方法是教学过程中各种教学方式和教学手段的总称。教学方法的运用要符合教学的目的。在具体的运用过程中,方法应用的循序渐进性和多样性是否体现、学生对体育教学内容的领会是否加强、方法有没有创新性都是客观的判断标准。

(4)体育课上的积极性是否体现,有没有展现体育教学过程的乐趣

体育教学是教与学的双边活动,只有充分调动体育教师和学生双方的积极性,才有可能达到体育教学的目的。首先要看教师的精神是否饱满,积极性是否高涨;其次要以学生积极性的发挥作为主要衡量依据。学生与教师的配合、协作,学生能动性的发挥,体育课表现出的学生团队精神等都是评定积极性的主要内容。

(二)课外体育活动管理

课外体育活动是高校在体育教学大纲和教科书范围以外,对学生进行的有计划、有目的、有组织的教育活动。它在体育教学的基础上进行,并与体育教学相互促进、互为补充。课外体育活动有利于发展学生的智力、培养学生的能力、促进学生的全面发展。因此,高校管理者应该加强课外体育活动管理。

1.课外体育活动管理的内容

课外体育活动管理包括早操、课间操,班级体育锻炼,体育节,节假日体育等的管理。

(1)早操、课间操的管理

早操的内容一般以徒手体操为主,如广播操、眼保健操、健身操等,也可开展其他锻炼活动,如跑步、太极拳、武术、气功、各项球类基本动作练习以及和缓轻松的游戏活动等。

早操的时间一般为15~20分钟,生理负荷不宜过大,以免影响文化课学习。早操的组织方法应根据高校的实际情况而定。在场地、器材的安排上,可将集体与分散相结合;在确定项目内容上,可将统一安排和自选相结合;在工作方法上,学生干部、班主任、体育教师应相互配合;在活动效果上,可将平时考勤与抽查评比相结合。

课间操是在上午第二、第三节课之间开展的体育活动,师生都应参加。课间操时间为15~20分钟,生理负荷不宜过大。每节课间的10分钟休息,虽未规定要组织体育锻炼,但最好的休息方法仍是以适当的身体活动进行积极性休息,以尽快消除静坐学习带来的消极影响。课间操的内容和组织方法可参照早操的内容和组织方法。

在早操、课间操的管理中,要保证"两操"的时间,不得以任何理由占用"两操"的时间;早操、课间操要有专人负责组织,班主任、任课教师要密切配合;要充分发挥学生干部的作用;要做好宣传教育工作,使学生充分认识"两操"的重要作用,使之成为自觉行动;可通过会操表演、比赛等方式提高"两操"的质量。

(2)班级体育锻炼的管理

班级体育锻炼是以班为单位分成若干组,在班干部和锻炼组长带领下进行的体育活动,班主任和体育教师应进行指导。班级体育锻炼在时间、内容、组织和生理负荷等方面有着更多、更高的要求。

班级体育锻炼的活动内容可以与体育课教学内容结合起来,可以围绕标准项目开展锻炼,也可以与高校传统项目,学生喜闻乐见、简单易行的非正规项目,以及游戏等结合起来。

课外体育活动管理可采用以下方式组织实施。

第一,在组织措施上要做到"六落实",即领导分管落实,时间落实,内容落实,场地器材落实,学生干部落实,考勤检查落实。

第二,在锻炼内容上要做好"五结合",即与体育教学结合、与标准结合、与传统体育项目结合、与小型多样竞赛活动结合、与"体育合格标准"结合。

第三,在组织形式上要注意"四结合",即集中与分散结合、规定与自愿结合、班组与个人结合、锻炼与测验比赛结合。

第四，在管理上要建立定期研究，制订计划，汇报、检查、验收，总结、评比、奖励等有关制度。

第五，在锻炼中要掌握适宜的生理负荷和心理负荷。

第六，在效果上要达到身心和谐发展，促进健康，增强体质。

（3）体育节的管理

体育节一般有"体育周"和"体育日"（健康日）2种形式。"体育周"是集中利用一周下午的课外活动时间，组织各种活动如体育专题报告、体育讲座、体育知识竞赛、体育表演、比赛、体育游戏等。"体育周"具有浓厚的节日气氛，能提高学生的兴趣并吸引广大学生参加。这对学生扩大知识领域、提高体育素养、增强体育意识、调动锻炼的自觉积极性等都有重大意义。应将开展体育周活动列入高校体育工作计划，成立临时性指挥机构，取得各有关方面的支持与配合，并做好充分准备。"体育周"结束后要做好总结工作。"体育日"一般是结合有意义节日或体育形势（重大的国际、国内的体育活动），利用一天或半天的时间，开展专题性的体育主题活动，进行体育教育和锻炼。一般可以组织全校性的活动，也可按年级、班组进行活动，充分发挥学生的积极性与创造性。

2. 课外体育活动管理的基本要求

（1）管理者要重视

要充分发挥高校体育教研室、班主任、卫生教师，以及共青团、学生会等部门在课外体育活动中的作用，切实把高校学生身体健康放在教育、体育工作的重要位置。

（2）加强学生组织建设

要充分调动社会、高校、学生等各方面的积极性，建立适合不同年龄、性别学生的不同需要的课外体育活动组织，使学生参加课外体育活动得到组织保证。同时，还要注意培养好学生体育骨干，使他们在体育组织中发挥积极作用。

（3）安排好时间以及提供必要的场地、器材等物质保证

要安排好时间，保证学生每天有1小时的活动时间和相应的场地、器材。要加大高校体育场地建设力度，新建高校要按国家标准建设体育场地。

（4）积极开展各种活动与比赛

各级教育、体育行政部门及各种社会组织、公共体育场馆都要组织适合学生参加的各种各样、丰富多彩的课外体育活动与比赛，要针对当前学生体质健康存在的问题，倡导并重点开展长跑等简单易行、锻炼价值大的体育活动。

（5）加强宣传

思想教育工作要有针对性，要切合实际，教育要形象化、多样化。宣传的重点

对象是家长。要使家长深刻认识从保证学生健康成长出发应是"健康第一,学习第二",使家长自觉督促学生经常参加体育锻炼。要对学生进行课外体育活动的宣传,积极引导学生自愿、自觉参加课外体育活动。

(6)建立必要的规章制度

要使课外体育活动持久有序地进行,需要认真贯彻并不断完善有关考勤制度、检查评比制度、定期测验制度等,使学生参加课外体育活动得到制度保证。

(7)加强医务监督

加强课外体育活动的医务监督也是保护学生健康、保证课外体育活动顺利进行的重要一环。

(三)课余体育训练管理

课余体育训练不仅能为国家输送优秀的体育人才,同时也是活跃学生课余生活、培养体育骨干的积极举措。课余体育训练的主要对象是部分体育基础较好的学生,训练的形式是运动队。开展课余体育训练可以提高学生的运动技术水平,激发学生爱校、爱集体的荣誉感。国外特别重视高校体育运动队的培养,体育竞赛也基本上是校际间的比赛。

课余体育训练的管理是一件十分细致的工作,应包含以下几方面的内容。

1.运动项目方向的选择

课余体育训练应根据实事求是、量力而行的原则来选择运动项目方向,具体体现在:要根据现有的高校体育资源来安排,如师资情况,场地、器材情况,科研水平情况等;要根据地方教育部门或体育部门关于运动项目的布局来安排;要依据传统项目或本校的特色项目来安排。确定运动项目方向后,高校分管领导应会同上级主管部门对运动项目的开展制订计划,确定相应的规章制度、财务预算,以保障运动项目的正常开展。

2.建立运动队,选拔教练员、运动员和其他管理人员

教练员的选拔应遵循公开竞聘的方法,把那些热爱体育事业、具有较高专业水平和道德素养的体育教师选拔出来,也可以聘请上级体育部门的专职教练员担当高校体育运动队的教练员。运动员的选拔应依据自愿报名、班级推荐、高校选拔等方式,通过一系列的体育运动竞赛择优录用,最终录用的运动员应当是既品学兼优又有体育专长的学生。其他管理人员包括医务人员,科研人员,场地、器材管理人员等。他们同样要热爱体育事业,要尽最大努力去关心、爱护运动员。

3.训练课的管理

训练课是课余体育训练的主要形式。训练课的管理应包含以下内容:根据运动项目的特点、运动员的训练水平和年龄特征,制订严格的运动训练计划;注重运动员运动训练与文化学习的协调发展;基础训练应成为训练课的主要内容。

课余体育训练是我国运动训练管理体制的基础工程,基础工程建设的好坏将直接决定塔尖的稳定性。因此,课余体育训练无论是在体系上、形式上还是内容上,都要围绕着整合力量、优化资源,以产生最大的训练效益为目标来开展。

(四)体育教师管理

体育教育目标能否实现、体育教学质量能否保证的关键因素在于教师。是否拥有一支思想作风过硬、业务素质精良的体育师资队伍,是决定高校体育工作成败的关键。因此,加强高校体育教师管理,是保证高校体育工作顺利开展的重要环节。

1.体育教师管理的主要内容

(1)教师队伍规划

教师队伍规划是在科学预测的基础上,对体育教师的数量和结构制定长远的、全面的发展规划。内容一般包括对现有体育教师的数量、结构、能力等各项指标的分析,通过科学预测确定各项规划指标,制订实现规划的措施。

(2)教师编制

应根据高校规模和规格、体育教育任务,制定岗位规范,确定体育教师配备数额,制订合理的编制。

(3)教师任用

应按照用其所学、用其所长、量才使用的原则,根据高校体育教学、训练、科研等工作的需要,对体育教师进行合理的组织、调配和激励,最大限度地发挥每个体育教师的才能。

(4)教师培训

教师培训包括岗位培训和在职培训。前者是指按照岗位工作的需要和人员素质的要求,对体育教师进行的一种有目的、有组织的培训活动,使之获得从事本岗位工作所必需的基本知识和技能,从而更有效地开展本职工作。后者是一种在不脱离原岗位职务的条件下参加学习和培训的形式,包括由指定专人传、帮、带,业余时间自学或在函授高校、夜大学、电视大学进行脱产与半脱产的学习等方式。

(5)教师考核和晋升

应建立、健全体育教师的岗位责任制、工作量制度、业务档案管理制度和考核奖惩制度,为体育教师考核工作的制度化、规范化打下基础,并在全面考核的基础上做好体育教师的晋升工作,以达到合理使用人才的目的。

2.体育教师队伍建设

(1)体育教师队伍建设的目标

体育教师队伍建设的目标是建设一支能坚持正确政治方向、数量适度、质量合格、结构合理的体育教师队伍。坚持正确的政治方向是我国社会主义教育事业的要求,应当要求广大教师热爱祖国,坚持四项基本原则,自觉学习马列主义、毛泽东思想、邓小平理论及"三个代表"重要思想,忠诚于社会主义教育事业,以身作则,为人师表,教书育人,全面地贯彻党的教育方针;数量适度要求教师数量与高校的发展规模相适应;质量合格要求教师政治思想水平高、学术造诣深、教学科研能力强、教学效果好;结构合理要求教师队伍中教师的年龄、学历、职务、专业、技能、性格等因素有一个合理的构成状态。

(2)体育教师队伍建设的具体指标

其包括教师的数量、教师队伍的质量、教师队伍的结构、师资队伍的培养。

(3)体育教师队伍建设的实施措施

体育教师队伍建设的目标一旦确定,就应当要求有实现规划目标的具体措施。

要把好选录教师的"进入"关,做好教师的补充工作;要加强中青年教师的培养工作,分别提出培养的方案、措施;要加强学术梯队建设;要健全考核制度,做好考核工作;要做好教师队伍的调整工作;要提高管理水平。

3.体育教师培训

体育教师培训是指为提高体育教师的质量而实施的一种专门教育。体育教师培训的形式主要有短期培训班、教材教法合格证书培训班、专业合格证书培训班、学历证书班(包括中师班、大学专科班、研究生班、大学本科班)、助教进修班以及岗位培训等。培训方式主要有函授、电视大学、夜大学以及自学等。

培训在职体育教师的机构及形式包括以下几种。

第一,体育学院、高等师范学校体育院系。通过函授、夜大学等,举办专科班、本科班以及中师班、短训班,是培训中小学和职业中学体育教师的主要途径。

第二,教师进修高校及部分中等师范高校。可通过举办短训班、各种证书班、单科培训班,以及中师班、专科班、本科班,承担培训中小学和职业中学体育教师的主要任务。

第三，广播电视教育机构。

第四，自学考试机构。各省、市、区的自学考试指导委员会开设高等和中等师范自学考试工作。

第五，单位体育机构。体育系、部及教研室要安排各种培训活动如集体备课、观摩教学、经验交流会、教学研究课等，还要有计划地组织体育教师进行科学调查、教学法研究、体育学术探讨，定期或不定期举行学术报告会。

(五)体育场地管理与器材管理

体育场地与器材管理是加强高校体育物质条件保证的重要环节。在其管理过程中，只有做到按计划建行或购置、合理保管、及时供应、充分利用、科学保养、修旧利废、余缺调剂，才能有效地发挥体育场地器材的最大效用。

《高校体育工作条例》明文规定："学校的上级主管部门和学校应当按照国家或者地方制定的各类高校体育场地、器材、设备标准，有计划地逐步配齐。学校体育器材应当纳入教学仪器供应计划。新建、改建学校必须按照有关场地、器材的规定进行规划、设计和建设。"

1.体育场地管理

(1)制定管理制度与制订使用计划

管理制度包括场地使用规定、场地管理人员岗位责任制、场地目标管理条例等。使用计划主要指场地修建维修计划，教学、训练、锻炼、竞赛使用计划，经费预算等。体育场地必须由专人管理，可根据各高校场地的大小，按情况决定管理员数量。

(2)定期对场地进行保养和维护

首先，要保证场地的安全性。例如，足球场坑洼不平的地方要进行修复；跑道上的石块要清理干净，保证跑道的平整；单杠等一些健身器材要定期检查，拧紧螺丝；游泳池要有专门的安全守则。要做到悉心检修体育场地，保证场地的标准化使用，并做好防火、防盗等安全保卫工作。其次，要延长场地的使用寿命。例如，田径场跑道要定期进行检查、清理；足球场的草坪要定时剪修、浇水；场地的一些边界线条很容易磨损，要定期进行修补；木板场地要定期进行保养等。

(3)协调场地的使用，做到合理、高效

在保证开展高校体育各项活动正常使用体育场地的前提下，可向社会开放体育场地，促进高校与社会的联系交往，提高场地使用率并适当提高其经济效益，但必须加强管理，统一安排。

（4）合理布置，优化场地布局

要注意体育场馆的清洁卫生与环境美化高校体育场地设施的优化配备，因为良好的环境条件是促使高校体育管理目标顺利实现的重要因素之一。

2.体育器材管理

（1）体育器材的登记与保管

高校体育器材应设专人进行管理，对所有体育器材的种类、名称、性能、用途、数量、单价、金额和存放地点等登记编号，分类编制目录、设置账卡、详细记载。对购入、自制、领用、借用、变价、调拨、报废、报损、盘亏等应严格检查进出手续，保持账目与物品、卡片相符。管理部门应设置"固定资产明细账""材料明细账""低值易耗明细账"3本账簿，对体育器材实行统一、严格、有序的管理。

（2）体育器材的使用

要建立体育器材使用的规章制度，并设专门机构及人员负责严格执行和遵守规章制度。对体育器材的领用和借用，要认真履行借领手续。归还时，管理人员应和借领人员一起检验物品的数量与质量，如有损坏，要严格按规定赔偿或修好方可归还；体育器材在使用过程中，要经常检查清理，除进行数量的清点外，还要检查器材使用、维修情况，检查有无长期闲置或损坏的器材，对闲置或积压的器材可变价处理；对使用不当或保养不当而导致损坏的器材可先行修理，对已损坏且不能修复的器材应及时报废或报损，以防止使用中发生事故。另外，在使用中还应切实加强领导，对学生和教师进行爱护器材的教育，推行责任制，贯彻"谁用、谁管、谁负责"的原则，实行交接与奖惩制度，以提高体育器材的使用管理水平。

（3）定期对器材进行保养

定期保养可以大大延长器材的寿命，还能保证器材的使用质量。不同器材的维修周期不同，一些比较耐用的器材，维修周期可以长些，可以以月、季、学期为标准；一些损耗较大的器材维修周期要短些，以星期、天为标准；一些损耗特别严重的如乒乓球、羽毛球则要以课时为标准。另外，为了防止和学生自带的器材发生混淆，可在高校的器材上留下标记，以便区分。在对器材进行保养的同时也要检查标记是否脱落或模糊不清，如果是，就要及时进行添加。

（4）定期补充器材

器材有必然的损耗，一种是使用过程中的正常损耗所导致，另一种则是个别学生的恶意破坏导致。这就要求教师对学生有严格要求，给予正确的指导来尽量避免。另外，在器材补充当中，被淘汰的器材要集中存放。补充器材要根据需要来进行,不要造成浪费。发现有属于质量问题的器材,要马上找供应商进行解决。补充器材的周期因不同高校的不同情况而定,主要是按需补充。

(六)学生体质与健康管理

学生体质与健康状况的改善是高校体育工作的重要一环,也是高校体育工作评优的重要内容之一,是高校体育工作目标管理的一部分。

因此,教育部和国家各部委呼吁社会各有关部门要高度重视和支持高校体育卫生工作,充分发挥各有关职能部门的作用,共同营造一个全社会都来关心青少年身体健康的大环境。学生体质与健康管理内容应包含以下4个方面。

1.明确目标,正确决策

学生体质与健康状况是高校教育工作的一件大事,与高校的每一位教育者都有很强的联系性,每一个人都承担着改善学生体质状况的责任。只有认清这一点,才能够正确收集信息、选择最佳方案开展高校的体质健康工程建设。

2.建立组织,定期检查

学生的体质与健康工作应由高校主管校长(或分管副校长)领导,由体育教研室(组)会同保健科(室)在各班主任的协助下定期进行。一般在新生入学与毕业时,都应进行全面测定。体质测试有3个方面的内容:一是身体形态的检测,包括体格的生长状况、身体形态的比例是否协调以及体重状况等;二是身体机能的检测,包括心率、血压、呼吸量等新陈代谢功能;三是运动能力的检测,包括速度、力量、耐力、灵敏、柔韧等方面的检测。

3.建立学生健康档案

健康档案能够反映一名学生体质的发展情况,进行存档有助于分析学生的体质健康发展规律。建立学生健康档案,就是对所测的各项体育数据进行分类和统计,并把结果记录在一张完整的卡片上,要求有明确的检测日期和系统连贯性。

4.分析研究,提出改进措施

应在检测的基础上,对全校学生的体质数据进行总体分析,并绘制健康图表,根据图表资料进行纵向和横向的比较,找出差距,提出改进措施。

(七)高校体育经费管理

1.高校体育经费管理的目标及任务

高校体育经费的管理是指对高校体育经费进行合理的计划、使用与监督检查等工作。管理的目的是加强经济核算、提高经济效益、提高管理水平,为高校体育发展提供经济保障。高校体育经费管理的主要任务是:编制并负责执行高校体育各项工作经费计划,切实管理好各项体育资金;拟定高校各项体育工作经费使用管理制度及实施细则;监督检查高校各项体育工作经费使用的情况与计划执行情况,分析考核各种体育经费的使用效果,使有限的体育经费发挥出最大的效益。

2.高校体育经费的收入来源

高校体育经费的收入来源主要有事业拨款、高校筹措、社会集资和自行创收等。事业拨款是从教育行政部门按学生人数下拨的教育事业经费中用于体育的部分,包括用于维持正常高校体育工作开展的体育维持费和用于购置大型体育设备所用的体育设备费,以及高校体育场馆建设专项经费等;高校筹措是高校内部从创收、校办产业等方面划拨给体育教师的奖励及福利经费,一般用于体育教师的课时酬金补贴;社会集资是高校或体育教学部(室)因举办重大比赛、参加重大比赛和体育场馆建设等向社会各界募集得到的赞助费;自行创收则是由体育教学部(室)通过合法的手段向师生和社会人员提供有偿服务而获得的收入。

3.高校体育经费的支出

高校体育经费的支出一般包括维持正常体育教学、课外群体活动、运动队训练竞赛,维护场馆、器材,添置图书资料的体育维持费;购置大型体育器材设备的体育设备购置费;建设体育场馆的专项建设费;用于体育教师和行政后勤人员的奖励、福利和后勤经费;用于体育管理机构的日常办公经费;等等。

4.高校体育经费的预算

高校体育经费的预算,一般是按年度对体育教育的各项经费进行收支预算。高校体育经费预算的依据是:国家和高校的有关财政的规章制度;本年度高校经费预算的指导思想;高校对经费预算的内容要求;上年度收支指标完成情况分析和决算财务分析;本年度开展高校体育工作所需要的经费预测或者与上年度相比的主要增减项目;本年度高校体育自我创收经费估计;熟悉预算科目和预算表格。

体育教学部(室)在体育经费的使用和管理中,应当严格执行国家和高校制定的财务制度与经费使用办法,本着勤俭节约的原则依据财务管理的规定和权限,履行相应的报批手续。

(八)高校体育科研管理与信息管理

1.高校体育科研管理

高校体育科研管理的目的在于有效地组织开展高校体育科研活动,提高科研管理水平,调动广大体育教师体育科研的积极性,提高科研效率,获得更多、更好的科研成果,促进高校体育事业的发展。

(1)高校体育科研管理的基本内容,主要包括以下几个方面。

第一,制定体育科学技术政策。

第二,制订体育科研计划。

第三,科学地组织高校体育科研队伍,并按科研工作需要和个人能力组织科研人员。

第四,建设相应的研究室、实验室、课题组。

第五,为高校体育科研工作提供必要的物质条件。

第六,提供体育科研工作所需的文献资料等。

第七,加强研究人员的培训工作。

第八,组织成果鉴定、推广和评奖等。

(2)高校体育科研计划

开展体育科研是提高体育教学质量的必要条件,也是提高教师理论水平的有效途径,还是深化体育教学改革的重要措施。因此,通过体育科研管理,不仅能获得体育科研的成果,还能促进教学质量的提高。体育科研管理的重要内容是制订体育科研计划,在制订体育科研计划时,需要注意以下几点。

第一,要深入调查研究,全面了解教师的理论水平、科研能力和有关科研条件,对不同职称的教师在研究课题方面提出不同要求。

第二,要坚持体育科研为体育教学改革服务,联系当前教学中存在的问题进行研究,如培养学生体育能力问题、优化课堂教学结构问题、改革教法与学法问题等。

第三,要正确处理科研与教学的关系,以教学推动科研,以科研促进教学,使科研与教学相结合。

第四,要举办体育学术报告会,定期举行体育科研成果交流活动,对教师的体育科研成果给予奖励。

第五,要建立教师体育科研档案,保存好教师的科研成果资料,以此作为教师晋升职称的依据。

(3)高校体育科研组织

完成高校体育科研工作,必须依赖于一定的组织及相应的管理制度。

第一,设立高校体育科研机构。高校体育科研机构的设立随科研项目、课题的来源不同而不同。一般应由科研项目、课题批准部门作为最高管理部门,高校科技处(社科处)和体育教学部(室)均应根据高校有关科研管理政策加以管理,项目、课题负责人为具体管理者。

第二,明确高校体育科研职责。高校体育科研职责权限同样因科研项目、课题的来源不同而不同。但主要职责应由项目、课题负责人承担,对研究成员应有具体分工。任何体育科研课题都需要划分为课题前期管理、中期管理和后期管理3个阶段。各阶段的管理要求也有所区别,前期管理要准,中期管理要紧,后期管理要狠。

第三,建立高校体育科研管理制度。制定高校体育科研工作管理规定,一方面是为保证项目、课题任务的顺利完成,另一方面是为鼓励和约束广大体育教师自觉主动地参加体育科研工作。除了按照国家、地方科研管理部门颁布实施的有关科技法规,制定本单位的相应规定之外,还可以结合高校人事分配制度改革(岗位津贴),确定体育教师岗位职责和体育科研工作任务,明确科研奖惩管理规定。

2.高校体育信息管理

高校体育信息管理是指对高校体育各种信息的收集、加工、利用和储存的一系列活动过程。高校体育信息的主要表现形式是反映高校体育发展状况与趋势的情报、资料,如体育教学档案,学生体质测定和业余运动训练的各种资料、数据,高校各种体育活动和竞赛活动的情况记载、成绩记录,体育教师科研情况及科研成果,有关高校体育发展状况的各种统计资料、报表,以及各种体育报刊等。高校体育信息管理应加强对各种信息的收集、汇总、加工、处理、分析、储存与传递,使之形成相互协调、密切结合的运转机制,还应创造条件,逐步推广运用电子计算机,建立一个"灵敏,准确、及时、适用"的高校体育信息管理系统。

在高校体育信息管理中要做好体育管理的统计工作,如体育统计报表是按照国家或上级统一规定的表格形式、内容、上报时间和报送程序,定期向国家或上级报告计划执行情况和重要体育工作情况的一种报告制度。它是获取体育信息的重要来源和渠道。体育管理的统计工作主要是收集并记录、整理和分析有关体育事业的各种数据统计资料,为各级体育领导决策研究提供可靠依据,对国家体育事业的发展状况作出客观的反映,对各项体育政策、计划、措施的执行情况进行检查和监督。体育统计与报表要及时、准确、系统、齐备。它要求建立严格的规范(包括报表的格式和指标体系),建立和完善统计组织体系。高校体育的统计与报表按照教育部发布的《教育统计管理规定》实施。体育局系统所实施的统计与报表制度,也包括高校体育工作的某些指标与数值,如《国家体育锻炼标准》达标率、经常参加体育活动的学生人数、体育传统项目高校布局情况和高校参加业余训练的运动队数量与运动员人数等。

高校体育教育是高校教育的重要组成部分,是党的教育方针明确要求的内容之一,是关系着中华民族体质健康与否的基础性教育内容。若要有效发挥高校体育教育在学生成长过程中的作用,培养数以亿计的身心素质健全且其他素质全面发展的社会主义建设者,加强高校体育管理是实现目标和要求的重要途径之一。

三、高校体育管理学的意义

高校体育管理学是体育事业持续发展的动力源泉,随着我国改革开放的不断深入、体育事业的不断发展、体育规模和范围的不断扩大、体育管理难度的不断加大,高校体育管理学的重要性已越来越凸显,也正在被越来越多的人所认识,学习高校体育管理学有着非常重要的意义。

(一)学习高校体育管理学有利于提高工作效率和综合效益,促进体育事业的发展

有的学者认为,管理与科学技术是推动现代社会经济高速发展的"两大车轮"。越来越多的人认识到,成功在管理,失败还是在管理,管理已成为"兴国之道"。当今世界面临着一个"经营与管理时代",决定命运的是管理,管理搞好了,各项工作才可以搞上去。

高校体育管理学来源于体育管理工作实践,对实践的总结、分析能升华为理论。高校体育管理学通过不断地实践得到逐步充实、逐步完善。反过来,体育管理理论又指导体育工作实践。体育工作没有理论指导是不行的,指导实践又进一步检验了理论的正确性。

有人曾指出,现代体育发展离不开 3 件东西:一是"硬件",指科学技术、场地设施;二是"软件",指科学管理;三是"活件",指人与人的积极性。事实证明,抓住了科学管理,体育也就发展了。美国职业体育的管理水平可以说走在世界前列,像可口可乐这样有名的大企业也会到俱乐部去学习体育管理的经验。法国大力提高体育管理人员的责任意识和业务水平,制定出较为有效的体育制度和政策,广泛开展大众健身运动,使竞技体育有了显著的提高。过去,一些体育管理者习惯于凭经验进行管理,结果事倍功半。实际上,科学管理可以增效,达到"1+1>2"的效果。所以,认真学习体育管理理论、用理论指导工作实践,是提高体育管理工作效率、促进体育事业快速发展的基本途径。

(二)学习高校体育管理学能加强体育管理人才培养

体育竞争、科技竞争,归根结底是人才的竞争。体育管理人才是整个体育人才队伍中至关重要的、不可缺少的组成部分。一个单位、一个部门的管理者,尤其是领导者的水平、素质,往往成为决定这个单位、部门工作成效和发展前途的关键。近些年来,我国体育管理人才队伍的建设有了长足进步,整体素质有了较大提高。但是我们也应看到,我国体育管理人才队伍中还存在不少问题,有的思想素质不高、事业心不强,有的文化水平较低,有的未经系统的专业学习,没有学习过体育管理的理论、知识,等等。

当前,体育管理人才培养中不可忽视的几个方面就是:加强体育管理的理论、知识学习,掌握体育管理的一些基本原理、原则、方法,并善于在体育工作实践中灵活运用;学会调查研究,充分发扬民主,进行正确的决策;学会科学地组建机构,建立规范、完善的规章制度,依法行政,依法管理;懂得管理的核心是协调,树立以人为中心的管理;掌握控制的基本方法和形式,不断提高体育工作效果;树立创新观念,在体育工作实践中创新思维、创新工作。

(三)学习高校体育管理学是实现"两个计划"目标的需要

《全民健身计划(2021-2025 年)》和《(2021-2020 年)奥运争光计划纲要》是我国体育工作的基本任务、基本内容、基本措施的体现,"两个计划"实施的情况,直接影响我国体育工作任务的实现。"两个计划"均涉及因素繁多的、巨大的系统工程。"两个计划"中每一个目标的实现、每一个步骤的进行,均需要周密的筹划、科学的管理。"两个计划"目标的实现,需要我们广大体育工作者特别是体育管理干部,认真学习体育管理理论、知识和方法,提高管理水平,提高管理工作效率。管理是人类社会发展到一定阶段的必然产物,是推动社会政治、经济、文化发展的重要因素。体育管理是体育管理者对管理客体通过计划、组织、领导、控制等职能,协调他人,实现既定目标的活动过程。

(四)加快和深化体育改革

随着我国改革开放的进一步深化和社会主义市场经济体制的确立,体育事业要有进一步的发展,必须走深化改革的道路,体育事业的根本出路在于改革。随着我国经济体制所发生的根本变化,体育事业的管理体制和运行机制也必须随着经济体制的改革而改革。原有的管理体制和运行机制基本上是在高度集中的计划经济体制下形成的,不适应社会主义市场经济的要求。

对体育领域来讲,如何建立适应社会主义市场经济体制的体育体制是一个新的课题,对体育管理体制、训练体制、竞赛体制、群众体育体制、体育产业、体育资金的筹措和调配方式等进行改革的问题已摆在我们面前。要搞好这场改革,加快改革的步伐,探索发展体育事业的新路子,就需要加强对高校体育管理学的学习和研究。只有在体育管理科学理论的指导下,遵循体育管理的基本原理和原则,运用科学的方法和手段,才能促使体育改革健康深入地发展,从而把握机遇,开创体育工作的新局面。

四、高校体育管理学的研究进程

我国高校体育管理学是随着我国体育事业的迅速发展、现代管理理论与方法的发展和现代科学技术的进步而产生的一门部门管理学,是管理学科的一个分支学科。早在 1935 年,金兆均就编著了《体育行政》一书。可以说这是中国最早的体育管理方面的专著。但严格来讲它并没有涉及体育管理的主要内容和理论。1955 年,东北师范大学的鞠兴绥、中南体院的李雨三编写了《体育行政》讲义,天津体育学院的马瑜、张旭、梁汝城也编写过类似的讲义。然而,中国真正着手研究和建立体育管理学,则始于 20 世纪 70 年代末80 年代初。

20 世纪 50 年代我国从苏联引进"体育组织学"和"体育理论与方法"等课程,并在体育院系开课,但在相当长的一个时期内体育管理理论的研究都处于空白状态。

20 世纪 70 年代末,我国部分体育理论工作者和体育管理工作者开始对体育管理理论进行研究讨论,并发表了一批体育管理方面的研究成果。

20 世纪 80 年代以来,我国对体育管理的研究进入一个新的发展时期。1984年,由武汉体育学院会同全国有关体育学院编写了我国第一本相关教材——《体育管理学》,并举办了全国体育管理学讲习班。这标志着我国高校体育管理学科的初步建立。

"七五"期间,国家体委正式将《体育管理学》列入全国体育院校教材委员会的计划教材,经全国体育院校教材委员会审定,先后编写出版了《体育管理学》通用教材和《体育管理学教程》专业教材。

改革开放后,我国体育管理教育得到飞速发展。1980 年,天津体育学院开始招收体育管理学硕士研究生,我国著名体育场地建筑专家和体育管理学家马瑜教授担任硕士生导师,天津体育学院成为我国第一所招收体育管理学硕士研究生的院校。1985 年武汉体育学院、北京体育学院相继建立体育管理系。1987 年,天津体育学院成立了体育管理系并招生,专业为体育管理,学制为 2 年专科生。曲阜师范大学也开设了体育管理专业。北京体育大学管理学院是北京体育大学各社科研究中心的管理机构,是中国体育管理人才的摇篮。北京体育大学管理学院孕育于 1985 年组建的北京体育学院管理班。1987 年北京体育学院成立管理系,1993 年北京体育学院更多为北京体育大学,1995 年正式成立管理学院。1993 年其体育管理专业开设体育行政管理和体育经营管理 2 个专业方向。1995 年北京体育大学管理系与国家体委干部高校合并成为北京体育大学管理学院暨国家体育总局干部培训中心。北京体育大学管理学院成为集国家在职高级体育管理干部培训和研究生、本科生教育于一体的体育管理人才培训基地。

20 世纪 80 年代以来,全国各体育院、系也相继开设体育管理学课程。我国高校体育管理学学科发展比较成熟的院校一般将课程分为专业基础课程、一般专业课程和专业选修课程等类别。体育管理专业的知识容量也在适应经济社会发展需要的过程中不断扩展。1989 年武汉体育学院正式招收体育管理学专业研究生,并于次年获得硕士学位授予权,1994 年北京体育大学与曲阜师范大学获得体育管理专业硕士学位授予权。2000 年北京体育大学开始首次招收体育管理学方向博士研究生。近年来,在体育管理学学科专业建设的理念上,我国开设体育管理学专业的院校正在改变原有的"大、全、广"和"重理论,轻实践"的观念,开始紧跟经济社会发展趋势,逐步树立起科学的学科建设新理念。高校体育管理学正逐步摆脱原有"空洞的"纯理论的学科范式,向分工更细的部门管理、更加实用的操作管理、多学科互融的交叉管理等方向发展,逐步回归其作为一门综合性学科的本质。

2004 年,中国体育科学学会体育管理分会正式成立,体育管理学学会第一届委员会主任委员、副主任委员、秘书长人员名单产生。同年,亚洲体育管理协会年会在北京体育大学举行,我国体育管理学科重要创始人之一、著名学者秦椿林教授当选为亚洲体育管理协会主席。

我国多层次的体育管理学人才培养体系已经初步建立,高校体育管理学的学术研究群体日益扩大,中国特色的体育管理学日臻完善。在社会主义市场经济的新体制下,中国体育与国际的交往日益频繁,体育决策的民主化、科学化程度不断提高。这也给我国体育管理学的发展提出了新的要求。可以预见,中国的体育管理学正迎来发展壮大的有利时机。

当前,面对建设有中国特色社会主义的新形势和体育改革中出现的新情况、新问题、新任务,我国体育管理学需要进一步借鉴现代管理科学理论与方法,吸纳国外高校体育管理研究的新成果去研究和总结我国高校体育管理实践,进一步探索和揭示体育管理活动中的基本规律,有效地提高高校体育管理的综合效益,逐步完善并建立符合我国社会主义市场经济体制要求的、具有中国特色的高校体育管理学科体系。

五、高校体育管理的研究对象与研究内容

(一)高校体育管理的研究对象

每一门学科都有它特定的研究对象,作为一门独立的学科,高校体育管理学必然也有它自己的研究对象。管理是人类社会生活各种实践领域普遍存在的现象。管理学界达成的共识是,管理学揭示组织运行的规律,积淀达成组织目标的经验与知识。它以一般组织的管理活动为研究对象,通过对管理活动的研究,探讨其内在的规律性,然后上升为理论,形成一个理论体系。管理学的理论体系,由一系列反映管理活动内在规律性的概念、原理、原则、制度、程序、方法等组成。这个理论体系来源于实践,又用于指导实践。

高校体育管理是一种特殊的管理,其特殊性在于体育涉及男女老少、社会各个阶层、社会的各个行业,其内容丰富多彩、形式多种多样、方法灵活多变。同时,现代体育又是一门综合性的学科,现代体育的发展离不开社会科学、自然科学的发展,特别是最新科学技术的发展;另外,现代体育已发展成为全球性、具有高超技艺性、能陶冶情操、具有教育性的规模巨大的文化现象之一。面对如此广阔的体育领域以及纵横交错的复杂关系,如果不去研究体育自身的发展规律就想把体育管理好,提高体育的综合效益是难以想象的。因此,高校体育管理学是研究体育管理活动规律的学科。

体育管理规律是构成高校体育管理学内容体系的依据和基础。高校体育管理学是研究体育实践中组织的管理活动规律的学科,其主要目的就是发展出一种协调现代"大体育"复杂过程中人们行为的理论和方法,使人们在体育目标实现中获得高效益。

高校体育管理学是体育科学与管理科学中的一门交叉性基础学科。它是在

总结体育管理实践历史经验的基础上,综合运用社会科学、自然科学、心理科学和技术科学的理论和方法,研究体育管理活动规律的科学。它不是各类学科简单相加的产物,而是对这些学科科学的概括和抽象。

(二)高校体育管理的研究内容

无论是国内还是国外,高校体育管理学都是一门正在探索的新兴学科,毕竟体育管理学研究和发展的历史还不到100年的时间。而就在这短暂的几十年时间里,体育领域发生了巨大的技术革新,竞技体育从手动计时到电动计时,从人工记录到计算机分析,撑竿跳高的竿子从竹竿到尼龙竿再到纤维竿;高校体育从单纯的体育教学、运动训练到高校体育俱乐部、学区体育的建立,以及终身体育的培养;社会体育从原有职工体育、农村体育、城市体育发展延伸到街道体育、社区体育、弄堂体育;体育产业的发展从零开始到隶属于其他产业再到成为国民经济发展中的独立产业。种种事实告诉我们,高校体育管理研究的内容具有很强的广泛性特点,概括起来有以下几个方面。

1.研究国内外高校体育管理的历史发展

实践总结、理论研究和知识系统化的一个重要方面,就是探索和发掘有关的历史事件及思想。因为,只有了解过去,才能理解现在,只有知道过去和现在,才能正确指导现实、预见未来。高校体育管理同其他任何一门学科一样,都有历史发展和知识积累的过程。正是有了这种积淀,才有了今天高校体育管理全球发展的现状,高校体育管理才成为一门科学引导着我们探究高校体育管理的发展。毛主席曾经说过,"中国现时的新政治新经济是从古代的旧政治旧经济发展而来的,中国现时的新文化也是从古代的旧文化发展而来的"(《新民主主义论》);"我们是马克思主义的历史主义者,我们不应当割断历史。从孔夫子到孙中山,我们应当给以总结,承继这一份珍贵的遗产。这对于指导当前的伟大运动,是有重要的帮助的"(《中国共产党在民族战争中的地位》)。

看待外来事物,要取其精华、弃其糟粕,辩证地分析和理解。研究高校体育管理的发展历史,在于总结历史上高校体育管理中的经验与教训,探索历史上高校体育管理发展的客观规律,弄清现实管理的来龙去脉,更清楚、更全面地揭示现代管理的规律性。

2.研究管理与高校体育管理的过程和性质

高校体育管理的性质问题关系到管理的成果"为谁服务"的问题,关系到高校体育管理的工作者对待管理的态度和工作的积极性,关系到党、国家以及体育领导部门所颁布的政策、法令和规定的贯彻和执行问题,是一切高校体育管理工作的出发点和落脚点。因此,我国的高校体育管理的发展既要借鉴先进的国外高校体育管理的发展经验来丰富自己,又要把握好我国开展高校体育管理的目的、性质和任务。

高校体育管理工作的开展和实施涉及多方面的问题,既有社会政治、经济、文化、宗教等方面的外部环境问题,又有高校体育管理工作开展过程中人力、物力、财力、时间、信息等方面的内部环境问题;高校体育管理的组织工作中,既有国家体育管理机构,还有更多的社会高校体育管理机构和民间的高校体育管理机构;在高校体育管理工作的监督中,既要依据国家颁布的《中华人民共和国体育法》《全民健身计划(2021-2025年)》《2015-2020年奥运争光计划纲要》来实施监督,同时也要依据省、市颁布的各项法规来开展高校体育管理工作;在高校体育管理的评价上,既要依靠领导和组织评价,又要依靠社会各阶层共同评价的体系;在具体业务的开展上,既要重视普及,又要重视普及中的提高。这些复杂的因素便构成高校体育管理工作开展的过程。

作为高校体育管理的工作者,面对复杂、困难的高校体育管理系统工程,必须分清管理工作的轻重缓急,有步骤、有计划、有重点地开展管理工作。

高校体育管理工作的经验还比较缺少,可借鉴的内容也不多,在这种情况下如何去寻找方法,通过横向比较和纵向比较,摸索出适合我国发展的高校体育管理工作规律,是每一名高校体育管理工作者必须面对和解决的问题。因此,高校体育管理学就是要研究高校体育管理过程的基本特点、基本内容和一般规律性,为科学地制订高校体育管理原则和选择管理方法提供依据。

3.高校体育管理的基本职能

如果说对高校体育管理原理的理解是为高校体育管理工作提供了一个明确的航标的话,高校体育管理方法就是推动航船朝着航标行进的助动器,而高校体育管理的职能就是在行进过程中制订应如何走好每一步的具体步骤。在体育管理职能的应用过程中,我们要正确地决策、精密地计划、合理地组织、精确地控制、英明地领导和卓越地创新。只有这样,高校体育管理工作的水平才会不断提高,一个国家的高校体育管理工作才能达到较高的水准。

4.体育领域中人力、物力、财力、时间、信息的合理开发、使用和管理问题

体育人力资源的开发已是当前高校体育管理工作涉及的重要课题,现代大型运动会,如奥林匹克运动会、世界杯足球赛、F1大奖赛等世界大型体育赛事,对高

校体育管理工作的开展提出了很高的要求,它不仅要求人才懂得体育专业的领域知识,还需要人才懂得诸如建筑、环保、交通、通信、项目管理、计算机、外语等领域的知识。高校体育管理者本身不仅是一名体育工作者,应当更是一名综合知识丰富的体现者。要进行高校体育管理的应用,必须研究高校体育管理人才的选拔和使用。体育部门的财务是体育部门开展体育工作的资金和费用总称。体育资金是保障体育工作顺利进行的重要资源。加强体育部门的财务管理,要研究资金的来源、融资渠道、投资方向、利益分配等方面的问题,只有广开财源、合理投资、正确分配,体育工作的正常开展才有资金上的保证。

物质资源是开展体育工作不可缺少的组成部分,是体育事业发展必要的物质条件。没有物质条件的保障,体育工作的开展是很难进行的,但是否物质资源丰富,体育工作就一定能开展好呢?答案是否定的,这里面就存在一个对体育物资的管理问题。因此,要保证体育工作能正常开展,研究体育物资的使用、提高物资的使用效益是非常必要的。

对时间与信息的把握程度提高是现代社会体育领域加快发展、高校体育管理水平提高的重要标志。20世纪70年代以来,随着计算机在发达国家的应用,信息化水平大大提高,为社会的加快发展节约了大量的时间。系统论、控制论和信息论是当时社会发展的热点问题。体育工作的开展在当今社会已离不开对信息的把握,如何更好地利用信息与时间是高校体育管理工作需要迫切研究的课题。

第二章
高校体育管理的理论研究

第一节　高校体育管理的方法研究

体育管理方法是指在体育管理活动中，为实现体育管理职能和管理目标、保证管理活动顺利进行所采取的各种手段和途径。它是管理理论的自然延伸和具体化，是实现体育管理目标的具体手段和措施。使用适当的管理方法能有效地发挥体育管理系统的功效。

管理方法是管理理论、管理原理的具体化、实际化，是管理原理指导管理活动的必要中介和桥梁。体育管理方法与体育管理原理是相互联系、相互作用的。体育管理原理必须通过管理方法才能在管理实践中发挥作用。目前，应用于体育管理领域的方法有许多，我们可以将这些方法归纳为两大类，即任何体育管理活动都适用的一般方法和适用于具体管理问题的特殊方法，其中后者又常常与某些特定的技术相联系，因此，又可称为管理的技术方法。应用于管理领域的现代技术方法包括定性方法和定量方法两大类，以定量分析方法居多。这些方法往往是以系统论、控制论、信息论为基础的现代化管理方法，如价值工程、网络技术、线性规划、滚动计划法、管理信息系统等。本书对这类方法暂不进行研究。本章将重点分析在管理领域适合于任何管理活动的一般方法，即高校体育管理的基本方法。

一、行政方法

(一)行政方法的概念

一般认为，从哲学的意义上讲，行政方法本质上是主观与客观的统一，是行政主体作用于行政客体，是行政管理思想转变为行政管理实践的具体体现，体现了人们通过发挥主观能动性，对行政生态环境、行政事务和行政行为本质的把握、总结和概括,即确定行政中规律性的东西。从实证的意义上讲,行政方法是目标和结果的统一,是架设于行政目标与行政绩效之间的桥梁和通道。只有通过一定的行政方法,才能将假定的行政目标经由一定的系统转换输出为行政绩效。

概括地讲,所谓行政方法,也叫行政管理方法,就是国家行政机关和国家公务员在行政管理过程中为履行行政职能、开展行政工作、完成行政任务、实现行政绩效而采用的各种管理手段、措施、办法、工具、技术、路径的总和。行政方法的程序通常分为发布命令、贯彻实施、检查督促、调节处理4个阶段,具体的表现形式为:命令、决议、指示、规定以及其他各种行政性文件。这些文件集中体现了上级机构和领导者的意见和决策,成为下级管理部门进行工作的依据。行政方法的实质是通过行政组织中的职务和职位来进行管理。它特别强调职责、职权、职位,而非个人的能力或特权。任何部门、单位都要建立起若干行政机构来进行管理,且这些行政机构都有着严格的职责和权限范围。由于在任何行政管理系统中,各个层次所掌握的信息是不对称的,因此才有了行政权威。上级指挥下级,完全是由高一级的职位所决定的。下级服从上级也是对上级所拥有的管理权限的服从。

(二)行政方法的特点

行政方法作为沟通行政理念、行政价值选择与行政目标、行政政策措施的通道和桥梁,在行政管理学和行政理念实践中都具有极其重要的地位和功能。方法就是规律,方法就是捷径。

行政方法实际上就是行使政治权威,它的主要特点有以下几点。

1.权威性

行政方法所依托的基础是管理机关和管理者的权威。管理者权威越高,他所发出的指令的接受率就越高。提高各级领导的权威,是运用行政方法进行管理的前提,也是提高行政方法有效性的基础。管理者必须努力以自己优良的品质、卓越的才能去增强管理权威,而不能仅仅依靠职位带来的权力来强化权威。

2.强制性

行政权力机构和管理者所发出的命令、指示、规定等,对管理对象具有程度不同的强制性。行政方法就是通过这种强制性来达到指挥与控制的目的。但是,行政强制与法律强制是有区别的:法律的强制性是通过国家机器和司法机构来执行的,而行政的强制性要求人们在行动的目标上服从统一的意志,在行动的原则上高度统一,但允许人们在方法上灵活多样。行政的强制性是由一系列的行政措施(如表扬、奖励、晋升、任务分配、工作调动及批评、记过、降级、撤职直至开除等)作为保证来执行的。

3.垂直性

行政方法是通过行政系统、行政层次来实施的,因此基本上属于"条条"的纵向垂直管理。行政指令一般是自上而下,通过纵向直线下达的。下级组织和领导人只接受一个上级的领导和指挥,对横向传来的指令基本上是不理睬的。因此,行政方法的运用,必须坚持纵向的自上而下,切忌通过横向传达指令。但是在同级或横向联系上,如体育组织中的计财部门与总务部门之间、体育学院中的教学部门与后勤部门之间等,都容易出现沟通困难、信息传递受阻的弊病,给组织管理系统的发展带来不良影响。

4.具体性

相对于其他方法而言,行政方法比较具体。不仅行政指令的内容和对象是具体的,而且在实施过程中的具体方法也因对象、目的和时间的变化而变化。所以,行政指令往往在某一特定的时间内对某一特定对象起作用,具有明确的指向性和一定的时效性。

5.无偿性

运用行政方法进行管理,上级组织对下级组织的人力、财力、物力等的调动和使用不依据等价交换的原则。一切根据行政管理的需要,不考虑价值补偿问题。

(三)行政方法的作用

第一,行政方法的运用有利于组织内部统一目标、统一意志、统一行动,能够迅速有力地贯彻上级的方针和政策,对全局活动实行有效的控制。其对于需要高度集中和适当保密的领域,更具有独特的作用。

第二,运用行政方法可以强化管理作用,便于发挥管理职能。没有行政命令就没有权威,没有服从则管理得不复存在,更谈不上管理职能的发挥。从这个意义上讲,行政管理对任何一种管理都是必需的。

第三,行政方法是实施其他各种管理方法的必要手段。在管理活动中,经济方法、法律方法、宣传教育方法等要发挥作用,必须经由行政系统的中介,才能具体地组织与贯彻实施。

第四,行政方法便于处理特殊问题。由于行政方法时效性强的特点,它能及时地针对具体问题发出命令和指示,从而较好地处理特殊问题和管理活动中出现的新情况。比如,当环境突然变化,组织需要做出迅速的反应和及时的调整时,采用令行禁止的行政方法,可以迅速排除阻力,有效地解决问题,如体育组织中进行人事调整、运动项目的重新部署、组织机构的改革等。行政方法的这一特点是其他方法所不具备的。

(四)行政原则

行政原则是行政过程中固有的客观规律的反映和要求,是行政过程中需要遵守的准则。人们对客观规律认识的程度不同,因此对客观规律和原则的认识是一个逐步提高的过程。行政人员要努力掌握马克思主义的世界观、方法论,提高认识水平,自觉按客观规律要求进行行政实施,减少失误。

1.信息原则

在通常情况下,信息越全面、越准确、越及时,决策准确性就越高,出现的失误也就越少。其实领导实施管理的过程,就是信息的搜集、加工和变换的过程。行政实施如果没有信息,那将是无源之水。

2.预测原则

预测是决策的前提。决策是对未来行动所做的一种设想,是在事情发生以前的一种预先分析和抉择,有明显的预测性。凡事预则立,不预则废。

预测不是臆测,而是建立在唯物辩证基础之上的决策,是具有科学依据的决策。随着现代社会科技和经济的高速发展,社会生活各方面急剧变化和竞争加剧,人们迫切需要掌握和利用科学的预测,高瞻远瞩,尽量做出正确的预测,避免决策失误。

3.系统原则

系统性是决策的重要特点之一。马克思主义认为客观物质世界的各种物体都相互联系着,人们的思维也应表现出相应的相互联系性。所以应先对整体与局部、内部条件与外部环境、当前利益与长远利益、主要目标与次要目标,以及它们的相互关系、相互作用进行综合分析,然后再进行决策。这是遵循决策对象本身固有的规律性的一个体现。行政管理的范围广泛,涉及许多相关的科学领域,越是高层次的决策,这种综合性越强,越应坚持系统性原则。

当前体育学科的发展已经不单是体育领域所能涵盖的,很多学科已经穿插在一起,因此更加要用系统的观点来分析问题。在进行某些决策的时候,要考虑的因素很多,应从整体的利益出发。

4.创新性原则

俗话说,创新是一个民族的灵魂,对于决策来说也同样如此。决策总是要改变现在、展望未来,以缩小现在与期望之间的差距。在面对一些新情况,没有常规可循,往往要当机立断,更要勇于创新。在现代社会科技迅猛发展的形势下,创新精神在决策中尤为重要。

创新能力强的人,决策的能力就强。作出英明的决策是取得成功的前提,有人曾经说过:不是维护今天,而是要摧毁今天,使今天成为过去,创造一个新的明天。

5.可行性原则

决策是为了实施,要实施就得具备实施决策的现实条件。决策是否可行,取决于主观客观的许多因素,要认真分析比较,从人力、物力、时间、技术各方面都得到保证。超出现实条件,片面地追求高指标、高速度,再好的决策也只是水中月、镜中花。行政决策必须讲求社会效益、经济效益,因而必须从这些方面进行可行性论证。

6.择优原则

决策总是在几个方案中进行选择。如果只有一个方案,没有选择,无从优化;不追求优化,就难以作出好的决策。初拟方案要越多越好,经过筛选至少留下 2 个方案,本着择优精神,权衡利弊,全面对比,最后择优确定。

(五)行政方法的使用范围和局限性

1.行政方法的使用范围

行政方法是有效、直接的管理方法。它的适用范围广,无论是社会管理、军事管理、经济管理,还是科研、文化和教育管理,都离不开行政方法。可以说,行政方法是任何管理都必不可少的手段。但是由于种种局限性,在管理活动中不能单一地、过度地使用它,要根据具体的事情采用适当的管理方法,在有些场合可能宣传教育的方法比行政方法更为有效,行政方法暂时只能起到辅助的作用,所以在对待具体情况时,必须将各种方法综合起来运用,以达到最佳的管理效果。

2.行政方法的局限性

(1)管理效果为领导水平所制约

由于行政方法更多的是人治,而不是法治,因此,行政命令的指向效果的管理优劣在很大程度上取决于领导人和执行人的知识、能力、领导艺术和修养等。

(2)不便于分权管理

由于行政方法采用的是指示、命令等强制性方式,因此管理系统中各子系统的自主权较少,不容易实行分权管理。分权往往会破坏它的统一性。

(3)不便于发挥子系统的积极性

行政方法以集权为主,子系统往往成为被动的执行系统,难以发挥子系统的积极性、创造性,子系统与子系统之间也难以沟通,不容易协调。

(4)信息传递迟缓、易失真

行政层次的繁杂会增加管理程序,因此沿垂直方向逐级传递信息较迟缓,容易失真,影响工作效率,甚至造成人为的隔阂,妨碍系统、部门、单位间的联系和必要的协作。

(六)科学决策在行政管理中的作用

1.在行政管理的过程中,决策执行往往是一再决策、一再执行、反复循环的

行政决策是行政领导的根本任务,也是行政人员经常进行的活动。作为下级要为上级的指示制订贯彻落实的计划措施而进行决策。在行政管理过程中的计划、组织、领导、协调、控制等职能都以决策为基础,为实现决策目标服务,各项职能本身也有需要采取行动的问题,有各自的决策。所以行政决策是行政管理中的首要环节和执行各项管理职能的基础。

2.行政决策的质量直接影响到领导机构工作的成败

决策明确了要执行的方向和措施,是活动的实施阶段。正确的决策应按行政管理对象的客观规律办事,避免管理工作的盲目性,保证行政管理工作的良好效果。反之,错误的行政决策,产生错误的管理行为,进而产生不适当的实施行为,即使客观条件再好,也得不到好的效果,执行越坚决,产生危害也就越大。

3.在当代,决策在体育行政事业中的影响也越来越突出

在社会进步和经济发展节奏缓慢的情况下,体育事业的发展也相对比较缓慢,往往依赖于以前管理中的经验和教条主义。但是在当代,在科技革命的推动下,经济迅速发展,体育事业随之蓬勃发展,体育学科的划分越来越严密和精细,学科的交叉和综合性也越来越强,因此面临的不确定因素也越来越多了。所以领导干部必须抓住时机,作出正确的决策。

二、法律方法

(一)法律方法的概念

广义的法律不仅包括国家正式颁布的各种法律,也包括各级政府和各个管理系统所制定的具有法律效力的条例、规章制度等。狭义的法律是指由国家规定的、公众必须遵守的行为规范。法律方法就是运用法律规范以及类似法律规范性质的各种行为规则来进行管理。它需要通过各种法律及司法、仲裁工作,规范和调节各管理要素之间的关系,促进管理系统和谐有序地发展。

法律方法的内容不仅包括建立和健全各种法规,还包括相应的司法和仲裁工作。这2个环节是相辅相成、缺一不可的。若只有法规而缺乏司法和仲裁工作,则会使法规流于形式,无法发挥效力;若法规不健全,则会使司法和仲裁工作无所依从。法律方法的形式主要包括法律、法令、条例、决议、命令、细则、合同、标准、规章制度等。

司法工作是由国家的司法机关按照法律和法规解决各种纠纷和审理案件的执法活动。司法机关"以法律为准绳,以事实为依据",通过司法制裁,强制执行法规,停止违法活动,恢复正常秩序,并给予当事人一定惩罚,达到维护法律尊严、教育人民的目的。司法制裁分为经济制裁和刑事制裁2类。

仲裁,也称公断,是指组织或个人之间发生纠纷,经过协商仍不能达成协议,而由仲裁人或仲裁机构从中做出判断和裁决。就仲裁的性质而言,它是一种行政性活动,不是司法活动。因此,裁决不被当事人执行时,仲裁机关不能强制执行,只能由法院强制执行。

(二)法律方法的特点

1.规范性

法律是拥有立法权的国家机关依照法定程序,制定和颁布的规范性文件。法律方法体现了国家统治阶级的意志和利益,用准确、简洁、严密的法律语言,明确规定人们在一定情况下可以做什么、应该做什么或不应该做什么,因而具有较强的规范性。同时,法律可以作为评价人们行为的标准。

2.强制性

法律规范同其他的社会规范不同,它是由国家强制实施的,国家法律一经颁布,就要用军队、警察、法庭等国家机器作为实施的保证,使违法犯罪者受到应有的制裁。因此它具有强制性。运用法律方法来进行管理,实际上就是运用这种强制性来进行管理。它是人人必须遵守的行为规则,具有普遍的约束力。

3.稳定性

法律一经制定,就不能随意更改,而是要延续使用一段时间;同时,法律的制约对象是抽象的、一般的,它可以在同样的情况下反复适用,而不是针对个别具体的人或某个具体事物。所以,它一经制定,就具有一定的稳定性。

4.预防性

国家制定法律规范的目的,不仅在于事后对违法者进行应有的惩罚,更重要的在于事前对人们起到指导和教育作用,使人们自觉守法从而预防犯罪行为的发生。

(三)法律方法的运用

1.应注意法律方法的双重作用

法律方法从本质上来讲,就是通过上层建筑的力量来影响和改变社会活动的方法。法律方法有双重作用,是指既可以起到促进作用,也可以起到阻碍作用。如果各项法律和法规的制定和颁布符合客观规律的要求,就会促进事业的发展,反之,就可能成为事业发展的障碍。法律方法由于缺少灵活性和弹性,易使管理僵化,而且有时不利于基层组织发挥其主动性和创造性。在管理活动中,各种法规要综合运用、相互配合。

2.应注意应用范围与条件

法律方法在体育管理中主要用在对体育系统的整体管理应用上,尤其是在调节和处理体育系统内外关系,强化管理秩序,保持管理系统稳定和处理管理中普遍存在的共性问题上,更能发挥其他方法难以起到的作用。这是法律方法的应用范围。体育法律方法应用的基本条件是:首先,要建立和健全各种体育法规;其次,要注重体育法规的监督和执行工作,这是保证发挥体育法规作用的关键;最后,要大力开展法制宣传和教育活动,增强人们的法制观念。

3.应建立有效的组织机构及制度体系

法律方法的内容包括立法和司法2个部分。立法是指国家权力机关按照一定程序制定或修改法律。司法是指检察机关或法院依照法律对民事、刑事案件进行侦查、审判。要有效地运用法律方法,就需要同时加强立法和司法工作。而建立有效的组织机构是运用法律方法的组织保证。同时,还需要有制度保证,即必须建立有效的制度体系,真正做到有法可依、有法必依、执法必严、违法必究。

4.应和其他方法结合运用

法律方法虽然在体育管理中起着十分重要的作用,但其作用范围还是有限的,不能企望法律方法解决所有的问题。在法律范围之外,还有种种大量的经济关系、社会关系需要用其他方法来管理和调整。正确的做法是把法律方法与行政、经济方法结合使用,互为补充,以达到较好的管理效果。

（四）法律方法的作用

法律方法的使用，对于建立和健全科学的管理制度和管理方法，有着十分重要的作用。

1. 保证必要的管理秩序稳定和有序

法律是任何一个管理系统存在和规律运行的基础，由于法律独特的优势，即强制性，在法律面前人人平等，因此运用法律可以把人们的行为和组织活动有效地控制在正常的范围之内，从而使整个管理系统正常有序、自动有效地运转。制度化的轨道，使人们有法可依，有章可循，使管理系统自动有效地运转，既保证管理的效率又节约管理者的精力。在体育管理过程中，存在着各种相互关联的经济利益关系和其他关系，只有通过法律方法才能公正、合理、有效地加以调整，及时排除各种不利因素的影响，保证体育管理内部各部分的正常运转，达到最优化的组合。在高校体育工作中，有《学校体育工作条例》可以用来规范教师和学生的日常行为，在竞技体育系统中，有《反兴奋剂条例》《世界反兴奋剂条例》等来净化体育的天空。《学校体育工作条例》主要包括九章内容，对教师的要求如下。

第一，体育教师应当热爱学校体育工作，具有良好的思想品德、文化素养，掌握体育教育的理论和教学方法。

第二，学校应当在各级教育行政部门核定的教师总编制数内，按照教学计划中体育课授课时数所占的比例和开展课余体育活动的需要配备体育教师。除普通小学外，学校应当根据学校女生数量配备一定比例的女体育教师。承担培养优秀体育后备人才训练任务的学校，体育教师的配备应当相应增加。

第三，各级教育行政部门和学校应当有计划地安排体育教师进修培训。对体育教师的职务聘任、工资待遇应当与其他任课教师同等对待。按照国家有关规定，有关部门应当妥善解决体育教师的工作服装和粮食定量。

第四，体育教师组织课间操（早操）、课外体育活动和课余训练、体育竞赛应当计算工作量。

第五，学校对妊娠、产后的女体育教师，应当依照《女职工劳动保护规定》给予相应的照顾。

2. 有利于调整被管理系统内部各因素的关系

法律的作用在体育领域就是把体育整体的利益和意志以及复杂的关系定位为定型的、普遍使用的规则。法律从原则上规定了各级组织的责、权、利的关系，为各级组织在自己的职权范围内发挥作用，提供了重要的准则，同时，也为处理和调节组织与周围有关系统的各种管理关系提供了保障和依据。法律能对运动员和教练员起到监督、协调和领导的作用。体育领域的各个机构按照法律规定的关系办事，可以有效地杜绝各种不良的事情发生，从而达到调节的目的。

3.促进管理系统的发展

法律规范能够控制管理系统之间各种不合理的沟通，来保护和促进合理的沟通，建立一种稳定的、正常的管理秩序，即使在出现矛盾时也能保证及时有效的调解。因此，正确运用法律手段，不仅能提高管理活动的效率，而且能增加管理系统的功效，不断地推动和促进管理系统自身的发展。加强管理法制建设、坚持运用法律手段，可以得到长期性的综合效应，在出现问题时及时解决问题，及时加强和完善法规的内容，使其更加全面。

(五)法律方法的弊端

法律方法在使用的过程中，有其独特的优势，具有规范性的特点，因此适于处理一般性的问题，便于集权和统一领导，能使各子系统的权利义务分明、赏罚分明。法律方法具有稳定性等其他特点，可以使各子系统具有自动调节的功能。但是我们也应该看到它在处理某些问题上的不足之处，主要表现在采用法律方法进行管理活动时缺少灵活性和弹性，容易使管理僵化；不便于处理特殊问题；有时会不利于系统发挥主动性，产生"合理不合法"的现象，这样的现象时常出现。在考虑某些问题时不单单是依靠法律的措施就能解决的，法律方法只能在有限的范围内实施。在人际关系复杂的今天，应该采用多种管理方法综合使用，找到最优化的管理方式。

三、经济方法

经济方法在人类管理中是经常使用的方法之一，是根据客观经济规律运用各种经济手段，调节各种不同的经济利益之间的关系，以获得较高的经济效益与社会效益的管理方法。这里所说的各种经济手段，主要涉及价格、税收、信贷、工资、利润、奖金、罚款以及经济合同等。不同的经济手段在不同的领域中，可发挥不同的作用。

(一)经济方法的特点

1.对管理客体发生作用的间接性

行政方法和法律方法都是直接作用于管理客体的管理手段，而经济方法不同,它是通过利益机制引导被管理者去追求某种利益,间接影响被管理者行为的一种管理方式。这种利益引导而非强制的方法,使管理者的行为具有自愿和选择的余地,有助于调动被管理者的主动性与积极性。如运动项目承包、推行经济责任制、物质奖励等经济方法的运用等,并不能直接干预人们的行为方式,而是通过对人们的价值取向和行为的引导、激励,达到调动积极性、提高工作效率的目标。

2.灵活性

经济方法的灵活性主要表现在 2 个方面。一方面,经济方法针对不同的对象,可以采用不同的方式。例如,对于调整企业之间、企业与国家之间的关系,可以用税收和贷款等方式;对于调整企业与个人、国家与个人之间的关系,可以采用工资、奖金等形式。另一方面,对于同一对象,在不同的条件下可以采用不同的方式来进行管理,以适应不同的情况与形势。例如,在某些时期可以通过增加税收来限制某一产业的发展,而在另一时期又可以通过减少税收来鼓励这一产业的发展。

3.信息接受率高

由于经济方法通过引导被管理者的自觉行为达到管理目的,并且经济利益对人们来说敏感性很强,能引起人们的普遍关注和重视,因此经济方法传达出的管理信息接受率就比较高。

4.平等性

经济方法承认被管理的组织或个人在获取自己的经济利益上是平等的,社会按照统一的价值尺度来计算和分配经济成果,各种经济手段的运用对于相同情况的被管理者起同样的效力,无论对于何种角色何种地位的人,在尺度的判定上都是相同的。

5.关联性

在体育管理中运用经济方法,不仅影响面宽、涉及的因素多,而且每一种经济手段的变化都会使体育系统内部产生多方面的连锁反应。例如,对于不同层次体育竞赛中获奖的运动员、教练员的奖励问题,体育场馆的承包机制等。因此,在管理中运用经济手段,应把握具体管理对象的特殊性质,注重未来发展的预测,使经济方法发挥其应有的作用。

(二)经济方法的运用

经济方法与其他方法一样,必须正确运用才能发挥其价值。

1. 要注意经济方法和宣传教育方法等有机结合起来综合使用

人们除了物质需要以外,还有更多的精神和社会方面的需要,在现代生产力迅速发展的条件下,物质利益的刺激作用将逐渐减弱,人们更要接受教育,以提高知识水平和思想修养。再者,如果单纯地使用经济方法,易导致"讨价还价,一切向钱看"的不良倾向,易助长本位主义、个人主义思想。所以必须结合宣传教育方法,搞好精神文明建设。

2. 既要发挥各种经济杠杆各自的作用,更要重视整体上的协调配合

如果忽视综合运用,孤立地运用单一的杠杆,往往不能取得预期的效果。例如,价格杠杆对生产和消费同时有方向相反的调节作用,提高价格虽然可以促进生产,但会抑制消费。在经济生活中有些产品具有特殊的性质,因而,仅凭单一的价格杠杆难以奏效,必须综合运用一组杠杆。

(三)经济方法的作用

1. 有利于提高经济效益

体育管理的经济方法,实质上就是围绕物质利益,运用各种经济手段正确处理好国家、集体、个人三者之间的经济关系,最大限度地调动各方面的积极性、主动性和创造性,从经济利益上激发人们的责任心,鼓励人们在工作过程中不断节约成本,提高效益,在此基础上,使集体与个人的经济利益也得到一定的满足,从而调动人们的积极性。

2. 有利于强化管理职能

经济方法强化管理职能的作用,具体表现为管理机构能通过各种经济手段制约下级机关和被管理者的工作,将他们的经济利益与承担的任务相联系,进行赏罚。采用这一强有力的管理措施,管理主体能有效地发挥指挥、控制和协调等职能。

3. 有利于适当分权

运用经济方法采用了经济制约给管理客体拥有相应的自主权创造了条件,从而有利于适当分权。管理的主体就不必担心下级组织或个人由于缺乏应有的经济利益而对工作持消极态度。相反,管理客体还会主动利用下发的权利,在工作中积极完成任务。这样,管理主体就可减少一些行政监督事务。

4. 有利于客观地检查管理效果

因为运用经济方法的管理效果是通过各项经济指标反映出来的,所以经济方

法具有客观性的特点。因而经济方法有利于客观、公正地评价管理效果,调动人们工作的积极性。

(四)经济方法中的资金制度

1.资金是实行按劳分配原则的一种劳动报酬形式

劳动报酬这一经济手段直接涉及组织和劳动者个人的物质利益,正确使用它对于调动职工的个人积极性有着极其重要的作用。员工的工资制度应该与员工对组织的贡献挂钩。根据按劳分配原则,员工的工资应该与每个时期实际劳动的数量、质量相联系,在不同的时期应该有不同的变化,真正做到员工多劳多得、少劳少得,从而拉开差距。

我国现阶段实行的是国家统一规定的工资等级制度。它包括职员的工资等级制度和工人的工资等级制度2种。职员的工资等级制度是根据各种职务的重要性、责任大小、业务技术复杂程度等确定不同职务的工资标准。这是把管理员、专业人员、技术人员的物质利益同他们的工作量大小、所负责任的大小联系起来的工资制度。工人的工资等级制度是国家按照不同产业、不同地区乃至不同企业在发展国民经济中的重要性、劳动强度和技术复杂程度,对不同工种分别规定的一定的等级,国家按照这一等级规定工资标准的制度。另外,职工的工资等级是按照其技术水平评定的。

2.奖金是工资的一种补充形式,也叫活动工资

奖金是对超额劳动付出的超额报酬,是为了补偿超额的劳动消耗而支付的;或者是对按计划圆满完成任务、成绩优良者以及有特殊贡献者的奖励。奖金主要有综合奖、超额奖、协作竞赛奖、合理化建议奖、技术革新奖等。

3.罚款

罚款是对职工违反规章制度的行为,以及给企业群体造成危害的行为进行经济惩罚。罚款可以制约某些人的不轨行为,迫使人们努力完成劳动或工作定额。但是罚款的名目和数额要适当,不能滥用,以防止员工的不满和反对。对因工作失误,因技术问题而产生的重大事故,造成严重经济损失的,可处以罚款。

在采用经济方法的时候奖励和惩罚最重要的是严明,该奖就奖,当罚则罚。只有这样,才能使奖励和惩罚真正成为有效的管理手段。

四、宣传教育方法

(一)宣传教育方法的概念

宣传教育方法是指通过宣传和教育等方式,使人们围绕着共同目标而采取行动的方法。管理是人类有目的的活动,人是管理中积极、活跃的因素,而人又是有思想、有感情、能思维的动物。人们行为的动力首先通过头脑,转变为愿望和动机,再由动机引发人类的行为。这就要求管理者注意掌握被管理者的需求,分析他们的动机,引导他们的行为。因此,宣传教育方法是以人们对思想活动的发展规律的正确认识为客观依据的。宣传教育方法的形式多样、灵活不拘,常用的宣传教育方法有做报告、讨论、对话、谈心、家访、形象教育、对比教育等。

(二)宣传教育方法的特点

宣传教育方法与其他管理方法相比较,具有以下几种特点。

1.先行性

任何一种管理方法的实行、管理决策的制订,都必须通过宣传和教育。通过宣传教育,一方面,使被管理者对其有充分的了解,使其思考自己如何配合行动;另一方面,在管理过程中实施各项决策之前,通过宣传和教育,还可事先预测到人们可能产生的各种反应,并制订相应的宣传教育措施予以预防,从而强化其正面效应,抑制可能产生的不良效应。

2.滞后性

滞后性在思想教育中的表现尤为突出。由于人们的认识和思想是对客观事物的反映,因此思想教育的大量工作是在事情发生之后或有些苗头的时候进行的。滞后性特点要求管理者对已经发生的问题实事求是地、科学地、正确地进行分析,以理服人。这样才能使思想教育真正落到实处,从根本上激发人们的动机。

3.疏导性

开展宣传教育,要动之以情、晓之以理,启发人们的自觉性。对思想问题采取回避或捂堵的方式是不能奏效的,甚至会激化矛盾。只有因势利导,才能达到教育的实效。

4.灵活性

人的思想是复杂多变的,引起人的思想变化的多种因素又往往交织在一起发生作用。不同的时期和不同的管理对象,其思想基础、性格类型、价值观念和需求等也不同,因此宣传教育工作必须根据不同的时期和不同的管理对象,确定宣传教育的内容和重点、形式和手段,保持灵活性和针对性。

(三)宣传教育方法的运用

1.应注意应用的范围与条件

虽然宣传教育方法的作用巨大,效果显著,但其应用范围的局限性也十分明显,如不能调动人们的经济利益、不能直接干涉和决定人们的具体行为、不能解决所有的思想意识问题等,尤其在被管理者的思想觉悟和自觉性还停留在较低层次时,孤立地运用宣传教育方法则难以取得理想的管理效果。运用宣传教育方法要考虑到一些基本条件:首先,要善于营造一个良好的群体氛围,不断提高被管理者的思想认识水平;其次,要有一批政工管理人员来专门进行这项工作。

2.应讲求宣传教育的科学性与艺术性

首先,宣传教育的形式、内容、工作制度、工作方法等都要体现科学性。要运用心理研究和社会科学成果,探索影响人的思想和行为的因素,研究人的思想和行为的发展规律。其次,对被管理者的宣传教育还要讲求艺术、追求实效,务求做到理论和实际相结合、表扬和批判相结合、身教和言传相结合等,要使教育更加生动、活泼、形象直观等。

3.应和其他方法的结合运用

宣传教育方法不仅是一种有效的管理方法,对其他管理方法的实施也有很大的支持作用。但宣传教育方法的有效性是相对的,在很大程度上存在于与其他管理方法的结合运用之中。

(四)宣传教育方法的内容

1.人生观及道德教育

要教育教师树立为人类解放和社会进步奋斗献身的远大理想,以及大公无私、先人后己、全心全意为人民服务的精神,自觉抵制损公肥私、损人利己、金钱至上、以权谋私、欺诈勒索、贪图享乐等剥削阶级腐朽思想的侵蚀。要教育教师遵守社会公德及职业道德,钻研业务,忠于职守。宣传教育方法切忌单凭教条式的空洞说教,应当结合具体生动的实例、案例、典型,通过讨论的方式进行。

2.爱国主义和集体主义教育

进行爱国主义教育,要引导人们正确地认识我们国家的历史和现状,特别是近百年来中国人民为谋求民族解放而英勇奋斗的历史,要引导人们了解中华民族近百年来的苦难史和革命斗争史,从而使其更加热爱和珍惜社会主义的今天,更加发奋为祖国繁荣昌盛而献身。集体主义是共产主义道德的基本原则之一,要求人们置集体利益于个人利益之上。进行集体主义教育,要着重引导干部群众正确处理国家、集体、个人之间的利益关系,使其在集体活动中发扬团结、友爱、互助精神,热爱集体,关心集体。

3. 民主、法制、纪律教育

管理的人本原理告诉我们必须全心全意依靠企业广大职工办好企业,企业领导层在进行企业管理决策时,不仅要充分考虑本企业职工的利益,还应当通过各种方式引导职工参与企业管理。同时要对职工进行正确行使民主权利的教育。民主体现在职工有权对企业的经营活动进行监督,有权维护自己的合法权益,有权对企业的管理工作提出批评建议,也有权参与企业管理,但应当实事求是地承认,由于信息和能力的限制,参与的程度和方式是有限度和有条件的。

社会主义企业在促进社会主义民主的同时,还应大力加强社会主义法治,加强劳动纪律和工作纪律,以规范和约束人们的行动,制裁和打击各种不法行为,并同种种压制和破坏民主的行为做斗争。这样才能保证社会主义企业生产经营活动的正常进行,才能使职工的根本利益得到保障。

4. 科学文化教育

科学技术是第一生产力,普及和提高科学文化知识是提高职工思想道德觉悟水平的重要条件,也是企业进行生产经营活动的重要条件。在当今的新技术革命浪潮中,科学技术越来越成为推动企业生产发展、提高企业竞争能力的重要力量。

当前在我国社会主义企业中,职工的科学文化素质还不高,在掌握现代科学技术和现代化的生产设备方面还存在不少困难。这对企业的产品质量和劳动生产率会产生很大的影响。应当从战略的高度下大决心、花大力气进行智力投资,有计划有组织地开展科学文化教育,根据工作的需要,对各类人员逐步进行系统培训和职业训练,提高职工队伍的业务素质,使他们尽快地适应现代化生产的要求。

5. 组织文化建设

组织文化是组织员工在较长时期的生产经营实践中逐步形成的共有价值观、信念、行为准则及具有相应特色的行为方式、物质表现的总称。它组织员工将内在的思想观念与外在的行为方式、物质表现等统一。要通过组织文化建设来制造促进职工素质不断完善的精神环境。

在组织文化建设的指导思想上,必须突出管理的人本原理,坚持"以人为本"的指导原则。组织文化的主体是组织员工,组织员工是物质财富与精神财富的创造者。应坚持把人作为第一因素,把尊重人、关心人、理解人、培养人、合理使用人、全方位地提高组织员工的素质作为组织文化建设的主要内容,采用教育、启发、诱导、吸引、熏陶和激励等多种方法来培养员工的命运共同感、工作责任感、事业开拓感和集体荣誉感,使员工形成正确的价值观、道德规范和行为准则,促使每个人都能把其内在潜力和创造力最大限度地发挥出来。一个具有独特而优秀组织文化的组织,必然充满生机和活力。

五、体育管理方法的综合运用

运用系统科学的观点学习和掌握体育管理方法是十分重要的。只有这样,我们才能从整体上把握体育管理方法的精髓,深入地研究各种方法之间的密切联系,有效地提高科学运用管理方法的水平,不断获取优化的管理效益。

(一)体育管理方法是一个统一的完整体系

体育管理方法的完整统一,集中表现在各种方法之间的密切联系上。这种密切联系,在体育管理方法的分类上已有了充分的显示。忽视这些联系,就是割裂体育管理方法的完整统一,势必孤立、静止、片面地运用一个个具体方法,其结果就是在实际管理工作中出现某种方法单一运用的倾向,阻碍管理水平的提高。例如,在计划经济体制下,在体育管理工作中过多地运用行政方法,把行政方法作为体育管理的唯一方法,就会导致管理僵硬的不良状况。又如,在改革开放的新形势下,随着社会主义商品经济的实行,经济方法被引进体育管理。但是,如果忽视管理方法的完整统一,把经济方法看成万能的管理方法,这种思想的片面性也将导致经济方法的滥用,最终将削弱其作用,甚至会产生反作用。如在运用经济方法时,忽视思想教育,就可能在群众中导致"一切向钱看"的倾向,进而导致群众不能妥善处理国家、集体与个人的关系,只思索取,不求贡献。如果在具体制定管理措施时,事事与经济挂钩,处处伸手要钱,动不动就处以罚款,则不但达不到良好的管理效果,甚至会引发群众的抵触情绪,使群众产生逆反心理。

总之,把体育管理方法看作一个统一完整的体系,有利于我们从整体上把握管理方法的实质,克服思想上的形而上学和绝对化,杜绝管理实践中的主观性和盲目性。当然,把握整体并非否定各种管理方法的相对独立性,其目的正是要从它们各自的特点、形式和应用范围与条件的研究入手,从中寻找它们彼此之间的内在联系,以取得最佳的整体管理效应。

(二)各种体育管理方法的互补与组合

就每一类或每一种管理方法而言,在实际运用中都存在一定的利弊,受到一定的局限,因而不存在任何单一的万能的管理方法。只有在运用中认真考察各种管理方法的组合与互补关系,才能发挥出它们的综合效能。

在体育管理方法的四大类别之间,就存在着互补与组合关系。管理的技术手段适于解决体育管理中一些技术性、定量化问题;管理的基本方法对各种管理方案的组织实施有着极其重要的作用;而管理的技巧与艺术,则在妥善处理管理中的各种关系、协调各方面力量上显示出其独特的功能。这就是说,它们在某些因素的管理上都有各自的特长,而在另一些问题的管理上又都有各自的欠缺。然而,实践证明,体育管理中各种问题通常不是单一地、明显地摆在管理者面前,往往是相互交织、错综复杂地等待着人们去处理。

这种情况在决策中表现得尤为明显。因此,没有各类管理方法的互补与组合,也就没有有效的管理。这种互补与组合的关系,在各类管理方法所包含的各种手段之间,同样是客观存在的。例如行政方法有利于实行集中统一的管理,但仍须依靠法律方法来保障正常的管理秩序。尤其是在横向管理关系的有效调节方面,更需要法律方法的支持。而行政方法与法律方法结合起来所表现出来的强制性,又要依靠宣传教育方法等灵活性较强的管理方法来协调,才能使管理达到严而不死、活而不乱的效果。又如经济方法与人们的物质利益联系较紧,尤其是在社会主义市场经济条件下,要运用各种经济手段来调动人们的积极性,使人们的经济利益与工作绩效直接联系,但其也需要其他管理方法的支持。在运用经济方法时,还应在兼顾国家、集体、个人三者利益的基础上,鼓励人们胸怀全局。而这些离开宣传教育方法同样也是难以办到的。再如,宣传教育方法是一种行之有效的管理方法,但若缺乏行政方法、经济方法、法律方法的支撑,也可能在一定程度上降低管理工作的权威性。由此可见,学习体育管理方法绝不能停留在对各种单一方法的个别探讨上,而必须深入地研究它们各自的优劣、互补与组合。这样才能真正明确各种方法在体育管理系统中的地位与作用,在体育管理实践中加以合理运用。

(三)追求各种管理方法的综合效应

系统分析的目的在于追求整体效应。体育管理系统产生整体效应,在很大程度上取决于各种管理方法的综合运用。如前所述,我们强调弄清各种管理方法之间密切联系的重要性,但这并不意味着就可以混淆它们彼此之间的区别,进而导致它们在实际运用中互相取代。事实上,各种管理方法就其相对独立性而言,都有自己独特的作用。如经济方法利用经济杠杆,贯彻物质利益原则,把集体和个人的物质利益与其工作绩效相联系,从而调动人们的积极性、主动性和创造性,进而有效地控制人们的行为方面,就有其独特的作用,是其他方法不能替代的。

因此,我们追求各种管理方法综合运用的整体效应的一个重要的前提就是弄清这些方法在体育管理工作中的独特作用。只有弄清它们各自的特点、运用形式和范围、条件,才能将它们有机地统一起来,做到扬长避短,互相弥补,产生整体效应。此外,只有认真地分析这些方法各自的长处和短处,通过综合运用和互相补充,才能使各种管理方法在综合运用中成为一个有机的完整的方法体系,在体育管理实践中发挥整体功能。

(四)管理者的创造性决定着管理方法的运用效果

前面我们对体育管理方法的结构体系和内在联系进行的讨论,目的就是强调,应把体育管理方法看成一个完整的结构体系。但是管理方法的整体效应在管理实践中体现出来,主要取决于管理者创造性地运用管理方法,也就是说管理者应从管理实践出发,针对管理对象的具体情况和管理环境的变化,灵活地运用各种管理方法。尤其是行政方法、法律方法、经济方法和宣传教育方法这类管理的基本方法的综合运用,主要取决于管理者运用的技巧与艺术。

显然,体育管理者运用管理方法的技巧与艺术,集中反映在创造能力上。如果管理者缺乏创造性,只是机械、教条地照搬某种现成的方法模式,企望找到某种放之四海而皆准的管理方法,人云亦云,忽视管理对象的特点和客观环境的变化,则很难取得理想的管理效果。

第二节　体育管理过程与职能

一、体育管理过程

(一)体育管理过程的概念

体育管理过程是对体育过程和社会发展的客观过程、变动趋势来进行预测、决策,计划、组织、领导和控制体育运动中各项活动,以确保实现体育运动发展目标的过程。管理体育事务是一个综合性概念,贯穿整个体育管理活动,关系到体育管理的效率。体育管理过程由体育管理系统中各个子元素(管理主体、管理客体、管理中介)共同作用。正是由于体育管理过程中诸要素是相互作用、相互影响并处于运动状态的,管理工作的进行才能推动,使管理过程成为一种动态过程。管理过程中的运动主要表现为"人流""物流""信息流"等方面,"信息流"往往是伴随着"人流"和"物流"同步进行的。管理过程的运动总是为了一定的目标,并按照时间顺序有规律地进行。其规律主要表现为管理过程的阶段性和程序性。

体育管理过程的各个阶段划分可以根据不同需要或从不同的角度去确定。它的过程不论有多少个环节,其划分都是相对的。从体育管理的特点出发,可以把体育管理的过程划分为计划、组织实施、检查和总结4个基本环节。

1.计划

计划是管理过程的首要环节,是整个管理过程的依据。没有计划,管理工作就无法进行;计划缺乏科学性、指导性和实践性,也无法达到管理的目的。因此,制订切实可行的计划,对于保证管理过程的顺利进行、实现管理的目标具有重要意义。

制订计划要做到:目标正确,指标可行,全面兼顾,重点突出,要求明确,分工落实,计划内要留有余地。制订计划必须符合方向性、科学性、可行性等要求。制订计划首先要学习、研究制订计划的依据并深入调查研究;其次要分析各种可行方案,草拟计划;再次要审议初稿,修改定稿;最后才能布置实施。

2.组织实施

计划制订之后,就要认真组织实施。组织实施是管理过程的中心环节。在组织实施过程中主要应做好以下 4 项工作。

(1)组织

组织应主要做好 2 个方面的工作,一是任务的合理分配落实,二是人、财、物等资源的合理配置。

(2)指导

在组织实施中管理者要深入第一线,指导下级工作,帮助解决各种困难和问题。为了达到指导的实效,管理者在指导中应该做到指点而不说教、帮助而不代替、引导而不强加、批评而不压制。

(3)协调

协调要贯彻组织实施的全过程。它是减少摩擦和内耗的重要手段。有效地协调,可以使人际关系融洽,人与事之间组合得当,事与事之间进度适应、步伐合拍。

(4)激励

激励是调动人的积极性的重要措施。一方面,激励能增强组织各成员的上进心和责任感;另一方面,运用精神和物质的各种奖励手段,能激发每个成员的进取心。

3.检查

检查是对计划预见性的监督,是总结的前提和依据,也是对下属的监督和考核。

4.总结

总结是管理工作的最后环节,对于积累经验、提高管理水平和工作效率有着积极的意义。

管理过程总是按照计划、组织实施、检查和总结的程序,围绕着管理系统的目标周而复始地进行,一个周期接一个周期,螺旋上升,循环进行。

(二)体育管理过程的特点

1.体育管理过程总是依据一定的顺序、结构构成一个封闭的周期

前一个周期的结束是新的周期的开始。新的周期对于前一个周期来说,不是简单地重复,而是有所前进、有所提高。一个周期又一个周期地前进使体育事业得到不断的发展。

2.体育管理过程具有时间性

体育管理周期的时间长短是相对的,一般以一年作为一个周期,长的可以用五年或十年作为一个周期,短的可以用一个季度或一个月作为一个周期。

3.体育管理过程具有空间性

体育管理过程不仅具有一定的时间范围,而且具有一定的空间范围,即具有空间性。如县体委的管理过程只局限在本县范围内,而不能管理到邻县范围里去,一个省是这样,一个国家也是这样。

4.体育管理过程的任务具有一致性

大的体育管理周期是由若干小的周期所构成的,各个小管理周期任务与大管理周期的总体任务总是一致的,都是为了实现共同的目标而努力。

(三)体育管理过程的目的

在体育管理过程中,我们要对管理系统进行系统的分析,弄清管理的组成部分、各子系统之间的关联形式、管理所处的内外环境以及环境的变化情况等,从整体上把握整个管理系统,并且在管理进程中,将对部分或子系统的认识整合为系统的整体性认识。只有采取自上而下、自下而上的分析,才能完全、准确地组织和控制整个管理活动,从而找出规律,制定相应的管理原则,采取有效的措施,进行科学的体育管理工作。

(四)体育管理过程的任务

体育管理过程的任务,就是把体育系统中的人力、物力、财力、信息和任务充分地组织、调动和利用起来,经过科学的计划和分配,充分发挥它们的作用,有效地达成体育运动的各项目标。

(五)体育管理过程的环节

体育管理过程的各个环节划分可以根据不同需要或从不同的角度去确定。有的人从控制的角度,把管理过程划分为计划、设计、预算、分析、决定、评估和复核7个环节;有的人从行政过程的角度,将管理过程划分为目标、计划、组织、指挥、控制和考核6个环节;有的人则更具体地将管理过程划分为明确目标、制订计划、建立机构、组织力量、指挥行动、跟踪变化、调节关系、控制系统、总结经验和前后分析10个环节;有的人从思维过程的角度把管理过程划分为感受信息、判断和决策三个环节。体育管理过程不论是多少个环节,其划分都是相对的,实际上每个环节的活动都可以根据内容的细微差别进一步划分为若干个更小的环节。如计划还可以划分为预测、确定目标、计划初步确定、修改计划和组织实施等若干个环节,而预测又可以进一步划分为确定预测目标、收集数据资料、分析计算和跟踪检查等环节。由此可以看出重要的不是我们应怎样进行划分,而是我们应怎样进行操作和运用,才能更好地提高管理效果。但从体育管理的特点出发,我们可以把体育管理的过程划分为计划、组织、领导、控制 4 个基本环节。根据这样一个运动的程序,我们围绕管理系统的目标和要求周而复始地进行管理,一个周期接一个周期地螺旋式上升,循环进行,将我们的体育管理水平不断提升,最终实现体育资源的最优化配置。

二、高校体育管理的职能

管理的职能,即管理活动应有的作用和功能。不同的管理职能则是由管理活动的不同专业分工决定的。不同的管理者在组织生产或其他活动以及调整生产关系或社会关系的过程中,大都采取基本的管理行动,发挥具有共同性的作用,一般表现为领导、计划、组织、控制的管理职能。对体育管理而言,这些职能也都完全适用,因此,我们认为把体育管理的职能划分为领导、计划、组织和控制较为妥当。领导职能是指管理者根据管理目标、任务、原则和计划决策等要求,发挥管理艺术技巧,运用组织权力,通过适当手段,指导、带动下属履行职责,实现决策目标的一系列管理行为。计划职能包括预测未来、确定决策目标、确定战略以及选择实现目标的最佳方案等,而不仅仅泛指一般的计划工作。组织职能是指合理组织管理活动中的各个要素,建立科学合理的组织体系,并协调有序地推动系统运动。在组织职能中,合理用人是重要的职能内容。控制职能指监测管理活动过程是否与原定计划、决策相符合,并通过纠正行动保证两者一致的管理功能。

(一)体育管理的领导职能

组织目标的实现,主要的是看组织内部的人、财、物、信息等资源得到了充分、有效的使用以及组织内部的各项工作得到了顺利的开展。而所有这些,都离不开领导工作。一个组织要想取得成功和生存下去就需要有效的领导,领导职能是使整个管理过程中其他职能得以实现的推动力量。

1.体育领导的含义

体育领导是体育管理的一种职能,是在体育组织中领导者与被领导者共同参与下,依靠领导者的影响力,组织、协调和指导个人或集体,在一定的客观环境条件下实现体育组织预定目标的活动过程,具体包括下列含义。

第一,领导是管理的一种职能,在管理过程中起着引导、指挥与先行的作用。

第二,领导是领导者与其部下相互作用产生的影响力量。这种影响力包括组织赋予领导者的职位和权力,也包括领导者个人所具有的影响力。

第三,领导是一个动态的活动过程,是领导者、被领导者及客观环境三大要素的函数。

第四,领导者具有权力、责任、服务的含义,是三者的统一体。被领导者具有主人翁地位,既赋予领导者种种权力,又对领导者施有监督权。客观环境包含组织状态,组织人员素质,社会政治、经济、文化等条件。

第五,领导既具有权威性,又具有责任性,并以为人民群众服务为宗旨。

2.领导与管理的区别

由领导的定义可看出,领导与管理虽有相似之处,但二者还是有区别的。从本质上说,管理是建立在合法的、有报酬的和强制性权利的基础上对下属命令的行为。在这一过程中,下属可能尽最大,也可能尽一部分努力去完成工作。有研究表明,管理只能发挥职工60%左右的能力。领导则不同,领导可能建立在合法的、有报酬的和强制性的权利基础上,但更多则建立在个人影响力、专长权以及模范作用等的基础之上。因此,一个人可能既是管理者又是领导者,也可能不是管理者却是领导者。如非正式组织中最具影响力的人就是领导者而非管理者。

领导的本质就是被领导者的追随和服从。领导者不是由组织赋予的职位和权力所决定的,而是取决于追随者的意愿。

3.体育领导的类型

以领导概念的内涵和外延衡量,体育领导大致分为4种类型:体育的政治领导、体育的业务领导、体育的学术领导和体育的行政领导。

(1)体育的政治领导

体育的政治领导能通过领导者一系列有影响力的行为,监督业务部门贯彻党和国家发展体育事业的方针、政策,使体育管理系统的竞赛、训练等各项工作得以顺利进行。

(2)体育的业务领导

体育的业务领导是指体育专业活动过程中,各级业务部门干部以自身的影响力率领下属,以实现体育活动的具体任务为目标的管理活动。体育的业务领导的内容包括体育教学、体育锻炼、运动训练、运动竞赛,以及科研、训练、竞赛、群众体系等有关职能部门的业务领导活动等。

（3）体育的学术领导

体育的学术领导是指体育科学研究过程中的领导活动。我国体育事业的学术领导，不单是体育科研单位和体育院校（系）专家、教授的任务，体育的各级领导也都应该加强学术领导的意识，以更有效地加快体育事业的发展。

（4）体育的行政领导

体育的行政领导是从国家体育总局到省、市、县（区）各级体育局指挥下属实现体育行政目标的行为过程。

4.体育工作领导者

领导者是在特定环境下的组织体系中被赋予或实际承担着指导和影响组织成员活动这一职能的人，是领导工作的主体和核心要素。

（1）体育工作领导者权力的构成

权力是一个人所具有的施加于别人的控制力，主要来自2个方面：一是职位；二是领导者个人。来自职位的权力是由上级和组织所赋予的，并由法律、制度等明文规定，属于"正式的权利"。这种权力随职务的变动而变动，其基本内容包括对组织活动的决定权、指挥权和对组织成员的奖惩权。组织成员往往出于压力和习惯而不得不服从这种权力。来自领导者个人的权力属于"非正式的权力"，不是由领导者在组织中的职位产生的，而是产生于领导者自身的某些特殊条件。这种权力不随职位的消失而消失，它所产生的影响是组织成员发自内心的敬重与服从。领导者所拥有的权力可以大致细分为5类别：①强制权，亦即惩罚权，下属若不服从必会招致惩罚；②奖励权，它是惩罚权的相对物；③法定权，也就是合法权，来自领导者在组织中的职位；④个人影响权，也叫模范权，来自下属对领导者的认可和信任；⑤专长，意指具有体育及相关专门知识、特殊技能或知识的领导者能够赢得下属和同事的尊敬和服从。

（2）领导者应具备的素质

第一，思想素质。好的思想素质具体表现在：正确的世界观、价值观与人生观，现代化的管理思想及强烈的事业心、高度的责任感、正直的品质和民主的作风，实事求是、勇于创新的精神。

第二，业务素质。体育领导者应掌握一定的体育业务知识和体育管理技能，例如：懂得体育学的基本原理，掌握基本的理论；懂得组织管理的基本原理、方法和相关的专业知识；懂得心理学、人才学和社会学等方面的知识，以便协调好人与人之间的关系，激发职工的积极性。

第三,业务技能。除了应具备一定的体育业务知识外,领导者还应具有较高的业务技能水平,例如:较强的分析、判断和概括能力,决策能力,组织、指挥和控制的能力,沟通、协调组织内外各种关系的能力,不断探索和创新的能力,知人善任的能力。

第四,身体素质。领导工作需要耗费大量的脑力和体力,领导者必须具有强健的体魄、充沛的精力,才能胜任这一工作。

第三章
高校课余体育管理

　　课余体育不仅是高校体育的一个重要领域,也是高等教育的组成部分,还是校园文化建设的主要内容,是大学生在课余时间进行的体育活动。"全国亿万学生阳光体育运动"倡导学生走向操场、走到大自然、走进阳光下,目的在于增强学生体质,增进学生健康,促进学生身心和谐发展。这是党和政府立足青少年体质持续下降现状和我国未来发展的历史紧要关头,审时度势,做出的具有划时代、开创性意义的重大决策。因此,加强高校课余体育管理具有重要的现实意义。

第一节　高校课余体育概述

一、课余体育在高校体育中的作用与特点

(一)课余体育在高校体育中的作用

　　课余体育是指学生在课余时间里,运用各种身体练习和方法,以发展身体素质、增强体质、活跃身心、提高运动技术水平和丰富业余文化生活为目的而进行的体育教育活动。它主要包括早操、课间操、学院体育活动、业余训练、课余竞赛等多种组织形式和内容。课余体育是高校体育的重要组织部分,是实现高校体育目标的基本途径之一。课余体育与体育课相互配合共同完成高校体育任务。

　　课余体育与体育教学相互联系、相互补充。体育教学为课余体育的开展奠定一定的身体和技术基础,为课余体育提供有关的知识和技能准备;课余体育能为学生提供一个检验体育教学效果的活动条件。体育教学中的知识技能要靠学生在课余体育的活动中去体验、运用和掌握,勇敢顽强的意志品质、优良的体育道德作风更需要学生在课余体育的实践中去磨炼和培养。

(二)课余体育在高校体育中的特点

1.活动内容与空间的广泛性

课余体育的内容丰富多彩,远远超出了体育教学所规定的内容,从松散的游戏活动到仪式正规的运动竞赛,从娱乐性体育活动到竞技性运动项目,无所不包。课余体育的空间非常广阔,从环境幽雅的校园到校外广阔的空间,从拥挤狭窄的街道到空气清新的大自然,到处都是体育活动的场所,处处可见课余体育的影子。

2.活动形式的多样性与活动方法的灵活性

课余体育的活动形式多种多样,方法灵活可变。例如课余体育有早操、课间操、学院体育活动、业余训练等组织形式。可以进行个人活动、小组活动、学院活动,也可以以年级甚至全校为单位进行,还可以利用共同兴趣小组、各种学生社团等组织形式开展课余体育的活动。

3.学生活动的主体性与教师指导的辅助性

教师在课余体育中只起到指导咨询的辅助性作用。这就为学生提供了一个充分发挥自己在体育活动中的积极性、主动性和创造性的良好机会,有利于培养学生的运动才能、组织才能和创造才能,使学生的主体地位和作用得到充分的体现和发挥。

4.组织活动的法定性和学生参与的自愿性

高校课余体育是国家法律明文规定的必须开展的体育教育活动,具有法定活动的强制性质。其中某些活动形式是学生必须参加的强制性体育活动,但课余体育中的绝大多数活动形式是属于学生自愿参与的趣味性很强的自主性活动。如轻松愉快的课间体育活动、自主松散的朋友相约远足,以及自由自在、充满乐趣的郊游等。

5.参与对象的群众性和课余训练的精英性

课余体育中的大多数活动体现了参与对象的群众性,如早操、课间操、群众性体育比赛等,不仅参与人数多,而且参加组织的人员也多。高校只有各方面协调配合,才能组织好有关的体育活动。同时,课余体育中还有只有少数人参加的业余训练,少数有运动才能的青少年通过业余训练,能够提高运动技术水平,努力创造优良的运动成绩,通过培养成为竞技体育优秀的后备人才。

6.体育课堂的延伸性与自成体系的独立性

体育教学课时有限,很难满足大学生身心2个方面运动的需要。因而,课余体育能够补偿学生体育课运动的不足,是体育课堂的延伸,是体育教学的第二课堂。但是,课余体育相对于体育教学来说,又具有相对的独立性。它并不完全是体育课堂的延伸,也不纯粹是体育教学的第二课堂。课余体育具有自己的体系和自己相对的独立性。

二、高校课余体育管理的概念与内容

(一)高校课余体育管理的概念

高校课余体育管理就是为保证高校体育目标的实现,对高校课余体育进行领导、计划、组织、控制和创新的综合过程。

(二)高校课余体育管理的内容

高校课余体育管理分为常规管理和项目管理。常规管理是指针对高校课外体育的常规工作进行的管理。项目管理是指针对高校课余体育的大型项目开展的管理。项目管理具有单次性、独特性和目标明确等特点,如对阳光体育运动的管理、对体育文化艺术节的管理等。

1.常规管理

常规管理应注重组织设计、制度建设和检查评比等。对课余体育的常规管理应当设立专门的组织管理机构统一组织管理高校课余体育。制度建设是指制定并实施课余体育的各项基本制度,为课余体育的活动开展制定行为规范。每学年高校都应对课余体育的活动开展进行检查评比,如年终群众体育工作先进单位评选,通过评比督促课余体育的活动开展。

2.项目管理

项目管理需要做好项目策划、项目监控和项目评估工作。项目管理是对项目进度计划、资源需求、成本预算、风险管理计划和采购计划等进行管理的重要基础,也是控制项目变更的重要基础。

第二节 高校课余体育的过程管理

高校课余体育的过程管理包括课余体育的领导、计划、组织和控制。

一、课余体育的领导

课余体育内容广泛,形式多样,既涉及全校和各学院的体育活动,又涉及团体和个人的活动,既有校内活动,又有校外活动,因此,管理好课余体育需要有强有力的领导机构。设立课余体育的领导机构必须考虑到课余体育的全校性特点和专业化管理的问题,既需要由全校性的行政管理部门承担相关职责,又要有体育部门人员的参与。

二、课余体育的计划

制订课余体育的计划要综合考虑高校的设施条件、学生的活动兴趣、高校的作息制度和体育教师的情况等因素,使课余体育的计划具有趣味性、灵活性、自主性和有效性。全校性课余体育的计划包括常规性活动计划和大型活动类计划(如体育节、校运会等)。学院性课余体育的计划要符合学院的特点,要征求学生的意见,符合学生的兴趣爱好。学生自己制订的课余体育的计划的内容包括活动的目标、内容、时间等。

三、课余体育的组织

只有依照课余体育的计划,在课余体育管理机构的领导下,才能组织实施课余体育。具体内容包括:公开课余体育的计划;确定课余体育制度,包括检查制度和奖惩制度;明确职责;积极参与。

四、课余体育的控制

在课余体育开展过程中,要保证活动效果,妥善处理受各种因素影响的变动性,对课余体育进行科学的控制;控制要依据课余体育的计划和制定的相关制度,及时检查、评估课余体育的每一个环节,发现问题时应及时纠正,保证课余体育的顺利进行。

第三节 高校课余体育管理的发展理念

一、建立课内外有机联系的课余体育管理模式

课余体育与体育教学是一个相互联系的有机整体,在课余体育管理理念中,应树立将课余体育、体育教学和校园体育文化有机结合的思想,使三者相互促进,共同提高。

在三者当中,应以体育教学为先导,通过体育教学使学生了解体育运动和科学健身知识,掌握2项以上的运动技能,形成体育活动的能力和基础。应有目的、有计划地开展课余体育,构建相关平台,将学生在体育教学中掌握的运动技能运用到课余体育中,从而增强学生体质,给学生提供一个展示运动技能、感受运动乐趣的平台。在开展课余体育的同时,必须依托校园体育文化的作用。开展校园体育文化建设能够促进学生形成"健康第一"的价值观,在校园体育文化的熏陶和影响下,使学生将体育锻炼内化为一种自觉的行为,使学生逐渐养成参与体育活动的意识和习惯。

二、高校课余体育管理的具体措施

(一)确立体育管理部门在高校课余体育管理中的作用

第一,将学生课余体育经费归口管理,将全校体育活动经费归由体育管理部门管理,协调全校各学院或者各体育协会等组织的费用使用,有效促进全校课余体育的开展。

第二,建立课余体育评比机制。建立各学院课余体育活动的评价机制,将学生体育活动的任务下达到各学院,将活动责任分解到各学院的相关责任人,每次活动由体育管理部门检查评估,进行量化考核,并将学年总分纳入高校综合评价体系,将学生参加活动的次数和获得的成绩纳入学生体育课程的成绩考核,并将这个作为评优获奖的依据之一。

(二)发挥体育社团的带动作用

设立校级和学院体育部,设立班级体育骨干,建设单项体育社团,建立健全社团组织体系。体育管理部门应为社团活动提供场地、器材、经费、技术指导等方面的支持,从而使社团健康发展,起到引领和带动作用。

(三)发挥体育教师的指导作用

选拔部分专业体育教师,建设体育活动开展的专业指导队伍,设立不同项目的辅导站和俱乐部,为各学院和体育社团提供体育技术指导,培训学生不同体育项目的运动技术技能,开展业余体育训练和竞赛,保证学生课余体育的专业性。

(四)发挥高水平运动队的示范效应

院、校两级建立各项目的运动代表队。运动队要反映本组织的爱好,在训练和竞赛中能够体现出较高的技战术水平,并具有一定的观赏性,能够吸引学生关注并参与该项目。通过院、校两级的高水平代表队的训练、比赛,带动课余体育的开展,提高全校师生参与体育运动的积极性。

(五)提高课余体育活动参与的广泛性

高校要降低体育活动的竞技性,把参与的权利归还给全体学生;要对校运会进行改革,增设发展全体学生体能与运动技能的团体竞赛项目并计入运动会团体总分;要组织课余体育比赛,比赛内容为体育教学中所学项目;要组织体育文化节或者趣味运动会,将体育与休闲、健身与娱乐结合在一起,培养学生体育锻炼的兴趣与习惯。

第四节　高校体育文化节的组织与管理

一、高校体育文化节的组织与管理的基本环节

要使高校体育文化节顺利开展,必须抓好方案制订、思想发动、组织实施几个基本环节。

(一)方案制订

根据活动的工作环节、内容等具体工作,先由高校领导拟定一个基本框架,然

后由承办部门拟定具体实施方案。

总的实施方案应包括以下内容。

1. 组织领导

建立由主管体育的校领导挂帅,有宣传、体育、团委、保卫等有关部门负责人参加的体育文化节领导小组,下设活动组织部、新闻宣传部、安全保卫部等办事机构,并由领导小组副组长具体负责各办事机构的工作协调并落实领导管理工作。

活动组织部是办事机构中的一个重要机构,也可以说是活动的主体机构。其主要任务是:制订总的实施方案,对全校体育文化节的活动做总体安排,包括主要内容、时间、场地等的安排;掌握基层准备工作的落实情况,做好活动过程中各方面的联系、沟通、检查、督促工作。

新闻宣传部的主要任务是:制订体育文化节活动期间的新闻宣传方案,加强新闻报道人员的组织,通过校广播电台向全校师生进行体育文化节的宣传报道和各新闻媒体的公开报道。

安全保卫部应做好的主要工作是:确保体育文化节安全、顺利、有序进行。

2. 活动形式与时间

总的实施方案中,要确定体育文化节整个活动的具体时间,并对采取的组织形式做出具体的规定。体育文化节的形式包括体育比赛、体育表演、体育讲座、体育知识竞赛等。开展的范围有全校性的、学院范围内的、以班级为单位的。

3. 制定活动规程

体育文化节的活动规程主要内容如下。

第一,基本事项:应明确活动的目的和任务、主办单位、日期和地点、参加单位及共级别等,根据组织方案确定相关内容。

第二,活动内容:应根据体育文化节的性质、规模、参加级别、参加者的实际水平等来设置比赛项目,对有关项目的比赛规则、器械的重量和规格应提出相应的要求,不能同运动员比赛一样,而应体现普通学生的特点。

(二)思想发动

第一,召开领导小组会议,讲清实施方案中的各项任务、要求,统一思想,统一步调。召开各层领导小组负责人会议,听取汇报,检查落实情况,使上下各级工作同步进行。

第二,通过校电台和校报进行广泛的宣传报道。

第三,对所有参加体育文化节的工作人员进行思想动员,引起他们足够的重视,使其兢兢业业、严肃认真地做好体育文化节活动期间的准备工作。

第四,做好全校师生的思想教育和组织工作,使他们充分认识到体育文化节的目的和价值。号召大家积极参加这一活动,搞好全校健身活动。

(三)组织实施

要使活动顺利开展,制订好实施方案只是第一步,要把方案落到实处并取得理想的效果,严密细致地进行组织实施是十分重要的。应通过有效组织,使体育文化节的活动更有效、协调一致地开展,有意识地调整参与者的各种活动以及各方面的力量,为实现所要达到的目的和目标而规定各成员应起到的作用及他们之间的相互关系,使之在整体实施过程中作为一个有机体发挥作用。

二、体育文化节的主要形式

(一)体育表演、比赛、知识讨论和知识竞赛

1.健美操表演

健美操是根据练习者的身体特点和发展身体各部位的要求,把体操和舞蹈中的简单动作组编成操,在音乐的伴奏下进行的一种体育锻炼手段。健美操动作简单易学,讲求实效,造型优美,动作连续,融健身、健心与健美为一体,对增强体质、塑造体形和姿态有着明显的效果。当前,健美操发展很快,受到人们的普遍欢迎,学生正处在身体发育时期,都有塑造健美体形的强烈愿望,高校可以采用和推广健美操健身法,使其成为高校体育文化节的主要内容。

2.田径比赛

田径比赛是高校体育文化节开设的主要项目,在高校体育中占有较大比重。田径比赛项目多种多样,内容丰富,既有个人项目,也有集体项目,能激发参加者的积极性。

3.球类比赛

球类比赛也是体育文化节的主要内容。球类比赛不仅具有激烈的竞争性,而且具有游戏的特点,并且学生更爱好参加这些项目。球类比赛它已成为丰富高校文化生活的主要组成部分。

4.体育知识讲座

为推动体育运动在高校的开展,使每个学生都能意识到它的重要性,激发学

生参加体育锻炼的积极性,在全校范围内开展有关体育月的任务、体育的社会价值、体育的健身价值等方面的知识讲座是必要的。在体育文化节中开展体育知识讲座要注意所选主题必须为当前热点,内容要与学生的实际情况相适应、被学生所接受,讲授者要具有较高的理论水平和名人效应。

5.体育知识竞赛

体育知识竞赛可以促进学生对体育知识的了解和掌握,也是加强体育知识学习的重要途径。它能把体育的竞争性运用到知识竞赛之中,具有较大的吸引力。

(二)不同时间段内的体育文化节形式

学生是校园体育文化建设的主体,营造一个活跃、丰富、向上的体育文化氛围有利于学生身心健康发展。体育活动能为学生更好地度过高校业余生活提供条件。因此,利用节假日、双休日、纪念日来组织全校性或以系、年级、班级为单位的体育文化节是学生全面发展的途径之一。

双休日是学生的自由时间,高校应在双休日根据学生特点开展一些既能增加学生才干,又能够使学生得到休息与放松的课余活动,以满足学生的不同需求。学生充满活力、充满朝气、富于创造性,而便于普及又颇具欣赏性、挑战性的文体活动自然受到他们的欢迎。高校可以利用双休日组织全校性或以系为单位的体育比赛,让学生在紧张学习之余,得以发挥特长,放松身心。

除此之外,可以利用节日、纪念日组织高校体育文化节。节日、纪念日本身的含义体现了丰富有益的教育影响,是能对学生进行思想品德教育的一部好教材,历来受到各方面的重视。高校体育文化节也应充分利用这一特点。体育文化节的组织形式要多样,不拘一格,应有所创新,避免每年都是同一形式。各校应根据本校学生特点有针对性地组织本校体育文化节,动员全体学生都参加,调动全校师生参与的积极性。

第四章
体育课堂教学管理

第一节　体育课堂教学概述

一、体育课堂教学的含义

课堂教学,俗称上课,是将学生按年龄、文化程度编成班级,每班有固定的学生数、固定的教师、固定的教室,由教师按固定的课程表,组织与指导全班学生学习的教学组织形式。

中世纪欧洲高校的教学偏重个别传授。到了中世纪末期,工商业发展对教育方面人才的需求向高校提出了新的课题:扩充教学内容、增加学生名额。由此产生了班级上课的形式。17世纪,捷克教育家夸美纽斯最先在理论上对课堂教学加以总结,之后班级上课的形式继续发展,并逐步完善。

二、体育课的类型与结构

进行体育课的设计与组织,首先应分清体育课的类型和基本结构。体育课的类型与结构除了和普通课的类型与结构具有共同点外亦有自己不同点。从类型上看,无论如何分类,体育课总是以实践为主体的课。从结构上看,体育课表现出鲜明个性。下面我们就目前我国高校体育课堂教学中常采用的结构模式略作分析。

(一)三部分结构模式

这种结构模式分成准备部分、基本部分和结束部分3个大的部分,基本部分又可分成2个小的部分,即技术教学部分(主要完成技术教学)和身体锻炼部分(主要发展身心素质和运动能力,增加参与度),有利于教学目标的全面实现和重点突破。

(二)六段教学结构

这种结构根据学生在课上身心活动变化的规律分为六段,包括:引发动机阶段—满足运动愿望阶段—适当降低强度、保持活跃情绪阶段—发展运动技能阶段(掌握技术)—身心恢复调整阶段—小结和布置作业阶段。六段教学结构适用于小学和初中的体育课。

(三)按练习顺序安排的结构

这种结构不分阶段和部分,而是根据人体机能规律使练习和休息合理交替,使练习按一定序列连续地进行。这种结构侧重学生学习情绪与心理活动的调节,以调动学生练习的主动性。

三、体育课的组织实施

完整的体育深的组织实施包括备课、具体组织实施(上课)、检查与总结等基本环节。

(一)体育课的准备

体育课的准备即备课,是指教师上课前的教学准备,是上课的先决条件。备好课不一定能上好课,但备课不充分,上课的质量必然无从保障。教师在备课时要做好以下工作。

1. 钻研教材

第一,要研究体育教学大纲(课程标准),根据体育总的教学目标及各单元、本节课的具体教学目标,领会教学的基本要求、教材的体系范围与深度;第二,要研究教科书,掌握多项教材的重点与难点及前后的联系。

2. 了解学生

学生认知的准备状态和身体发展水平是教学的起点。为使教学充分促进学生的发展,教学活动应切合学生的实际。因此,教师要全面了解学生的知识基础、认知能力、身体健康状况、运动能力与水平、学习态度、兴趣需要及个性特征。

3. 设计组织教法

应根据教材性质、教学任务的要求及学生的情况,场地、器材条件,设计合理的教学方法、手段并确定教学活动的类型和结构。

4.编写教案

教案即课时计划。教案是对师生课堂上预期的教学活动的设计和描述,也是对每一堂课具体深入的教学准备。编写教案是备课的最终结果。教师要在钻研教学内容和了解教学对象、设计组织教学的基础上编写教案。体育课教案是教师进行体育课堂教学的直接依据。完整规范的体育课教案一般包括以下几个方面的内容:教学目标、教学内容、本节课教学重点、教学方法、运动负荷以及场地、器材等。有的教案中还有课后记录等内容。

5.准备场地、器材

准备好场地、器材是上好体育课的物质保证,教师要认真地做好场地的规划和器材的布置工作。

(二)体育课的具体进行

体育课的具体进行也就是上课。上课是教师对学生实施教案的活动,是体育课堂教学的中心环节和最重要的实践环节。要上好课,就应注意以下几点。

1.目的明确

教学目的既是课堂教学的出发点,也是教学活动的归宿。教学的目的,不仅教师要明确,学生也要了解它,以便使教学活动能在教学目的的指导下有序地进行。

2.内容正确

这是圆满完成教学任务的主要保障,正确的教学内容应该体现科学性与思想性的统一。

3.方法恰当

应根据体育教学的目的和任务,遵循学生认知和身心发展规律,以启发式为教学指导思想,灵活选用教学方式,以充分调动学生学习的积极性,使传授知识与发展智力相结合,教书与育人相结合,统一要求与因材施教相结合。

4.教学组织严密

一方面,要使教与学密切配合,另一方面,教学活动要结构紧凑,科学地分配时间,以提高教学效率。事实上,教学的组织设计是与教学管理设计分不开的。

第二节 体育课堂教学组织与管理的具体内容

一、体育课堂教学组织与管理的概念

所谓体育课堂教学组织与管理,也就是按照一定的目标,在某种管理思想指导或影响下,通过一定的教学组织形式和机构,对教学活动进行安排并加以规范,对教学资源进行合理调配和使用,以保证教学活动健康有序地开展、教学计划圆满地完成、教学质量稳步地上升和教学目的顺利地实现。高校是整个教学组织与管理的主体,教学的组织与管理是高校整个工作的中心,依赖于高校系统内部各要素的协同构建。

二、体育课堂教学组织与管理的原则

(一)面向全体学生原则

体育课堂是面对全体学生。每一个学生都是体育课不可忽视的一部分,不要一味地抓尖子、保中间,而忽略了后进生的发展。后进生是体育课堂的一闪婚。他们更需要体育让他们的技术技能得到提高,心理与社会适应得得到发展。培养每位学生的终身体育意识是体育课堂教学义不容辞的原则。

(二)规范性原则

组织与管理是有规律的、可以遵循的,有一定的章法。在体育课堂上要用规范的纪律来约束学生,做到合理、公正、科学。所以建立具有约束力的课堂常规是体育课堂管理的一项原则。规范性原则的表现形式主要表现在体育课堂常规上。体育教师要有常规,比如制订各项教学计划、提前备课、提前安排器材等;学生要有常规,比如上体育课要穿运动服、要站队等;师生要有共同的常规,比如师生问好,教师的教与学生的学互动等。所以说有一个好的课堂常规,就能使体育课堂更加规范,能更顺利地进行体育教学。

(三)教育性原则

教育性原则要求体育课堂中各项活动对学生起到教育作用,对学生尽到教育

责任。如对学生的体育成绩考核过程,不但要体现出学生的体质能力,更应该有时代性;对学生的教育应与社会同步,社会要求什么,体育教学就要努力去实施,比如通过体育活动增强学生的爱国意识、合作意识、竞争意识,以及适应社会的能力。在体育体育课桌教学中,要使学生树立公平竞争的观念,培养优良的体育道德和作风,养成遵守纪律、遵守规则的素养,对学生的奖励与处分都要达到教育的目的。

(四)规律性原则

学生的身心教育过程是一个循序渐进的过程,即有一定的逻辑顺序,所以体育课堂教学组织与管理也应是有规律的。例如,在小学阶段,运动强度不超出学生的生理负荷,学生不做大强度的运动,少进行力量性练习,随着学生年龄的增长,教师才慢慢施加有一定负荷的课堂教学。这就遵循了学生的身体发育规律。

(五)有效性原则

体育课堂只有短短的 45 分钟,而且一周仅有两三节,所以体育课堂的有效性是非常重要的,如果不能有效地利用课堂则起不到锻炼作用。要有效地利用课堂,就要合理地设计课堂,减少随意性,有效地发挥学生的主观能动性,调动他们的积极性,让学生以饱满的热情投入体育课堂,从而使体育课堂教学获得最佳效果。

总之,各项原则之间的相互关系是一个有机整体,国家教育方针、政策是体育课堂的指挥棒。面向全体学生原则要求总揽全局,是保证每个学生受益的前提;规范性原则是管理的保证;教育性原则是抓好管理的基础;规律性原则是管理的要求;有效性原则是管理目标。

三、体育课堂教学组织与管理的途径

(一)运动技能学习的组织与管理

体育活动的重要标志就是身体参与活动,需要以一定的技术为支撑,所以,运动技能的学习是体育课堂的首要任务。那么如何组织与管理运动技能学习呢?

1.引入

学习运动技能需要教师进行设计,按照教学目标把学生引入学习状态。这是满足不同年龄、不同心理特征的学生的需要。导入的方式也因之不可以千篇一律,可以用多种方式导入,如情境导入、故事导入、比赛游戏导入等,还要注意导入要有目的性,与学习内容有关联,对学生有启发。

2.示范与讲解

示范与讲解是体育课堂教学的一个重要环节,以前学生在学习运动技能之前一般有教师的示范,但是在现行自主学习形式下,示范与讲解的位置与可做适当调整,可以采用学生自主探究学习—示范与讲解的方式,也可以采用自主探究学习—示范与讲解—自主学习的方式。毫无疑问,后者是最理想的。在这一环节中,也就是在学习运动技能前要加入师生之间的讨论,教师设置一定的情境,使学生发散思维,目的是让学生积极主动地学习。

3.点拨

学习能在练习中提高技术水平,但是死学或者没有指导的学都将影响学习速度,而教师的点拨就可以克服这一缺点,能使学生迅速突破教材重点与难点,迅速掌握运动技能。例如进行支撑或跳跃等技巧的学习时,点拨时应该把握以下几点。第一,有动作错误时点拨,这样可以避免错误动作的再次出现。第二,练习前点拨,这样学生在练习时可以把注意力放在教师的要求上。第三,学习有心理障碍时点拨,这样可以提高学生的自信心,帮助学生体会正确发力的感觉,也能避免伤害事故的发生。

(二)体能发展的组织与管理

体能发展是身体健康学习领域中一个重要的目标和内容,其目的就是发展学生的体能。这是体育活动的特征。体能发展是体育课堂的重要任务之一。体能发展可以通过运动技术学习、游戏活动、身体素质练习等手段来实现,另外,实现体能的提高不仅仅靠一周的几节体育课,还要靠课余体育,甚至要靠终身体育锻炼,所以重要的是教师要教会学生体育锻炼的自我组织与管理。

一般情况下,体能包括速度、力量、耐力等方面。提高速度是指提高移动速度,但速度的提高是缓慢的,对学生的要求较高,在一定程度上影响着体育课堂教学的组织与管理。因此,提高速度要注意合理安排速度练习的时间与顺序,要与运动项目特点及要求相结合,还要合理安排运动负荷。而耐力的提高在体育教学中一般采用长跑这一方式,而学生对这一方式非常反感,所以要注重培养学生的意志品质,提高学生的心理素质。在教学时要多变换耐力练习形式,提高学生的积极性,如长跑采用游戏练习、越野跑、在田径场上进行"M"形跑。

(三)分组教学的组织与管理

体育课堂分组教学是教师常用的教学形式,而且,学生的学习也是在小集体的形式下学习的。分组教学要求学生之间合作学习,相互协助,相互鼓励,相互取长补短。体育教学中的分组通常分为同质分组、异质分组、友情分组、帮教分组等,每一个组就要一个小集体,每一个小集体有一个组长统一管理,组员之间有明确的分工。每一个小集体又有相同的目标、相同的兴趣等。在体育课堂教学中,对于小集体的组织与管理,可以采用"四个自由"方法组织教学。

1.自由组合

学生小集体组合往往有自己的原则,一般包括 3 个特点:一是相似性,如兴趣、性格、技能水平等相似;二是相近性,如同桌、上学放学同路等;三是互补性,如学习需要对方的帮助等。教师要尊重他们的选择。

2.自由选择练习方法

练习方法应该是多样的,以适应多样的个体差异。采用强制性的练习方法会限制学生特长的发挥,所以应该允许学生自由选择练习方法。这就会使练习方法相近的学生组合到一起练习,更能适应自己所在层次的学习需要。

3.自由选择练习内容

学生的兴趣爱好、特长不同,对体育内容的喜好也不尽相同,所以体育课堂教学内容的安排要多样化,给学生选择的空间,对于学生喜欢的练习内容就多练,对于学生不喜欢的练习内容就少练。

4.自由交往

这一组织与管理方法体现了社会适应目标,要让学生在体育课堂上学会交往,让他们在宽松的环境中学习。

(四)纪律的组织与管理

纪律体现在学生的行为上。课堂纪律是课堂上的学生所必须遵守的,以保证体育课堂教学的顺利进行。学生的行为直接影响课堂纪律的好坏。因此,加强纪律的组织与管理不仅有助于维持良好的课堂教学秩序、约束和控制问题行为,而且有助于激励学生潜能的释放,提高学习效率。

1.狠抓课堂常规,形成良好行为习惯

好的课堂常规不但可以避免课堂的混乱,更重要的是能让学生知道怎么去做,下一步应该怎样为课堂的组织节省大量时间,保证课堂教学有序进行。相反,如果不注意课堂常规的建立，只凭不断增加临时的指令来维持课堂纪律，就容易造成效率低、时间不够用等问题。

2.加强行为教育，排除行为问题

体育课堂上并不是每个学生都是积极的、乐观的、向上的，而是或多或少存在着一些负面行为，如漫不经心、情绪低落、不喜欢参与活动等等。这些统称为行为问题。其产生原因主要有：教师不合理的教学，学生对体育课堂目标认识不足、体育基础差、自身健康不良要求等。所以说，学生课堂问题行为的产生原因是多方面的，表现也是多样的，对问题行为进行教育时应找出问题行为的原因，采取措施加强行为教育。

3.发挥集体作用，加强行为教育

行为常常会受班级的舆论影响，所以发挥集体的作用、加强良好的班风建设非常重要。所以，体育教师应该注意培养和形成良好的集体作用，并发挥其正面的教育作用。

4.合理处理体育偶发事件

体育课堂中的偶发事件均是危险事件，远多于其他学科，一般包括身体受伤、器材损坏、天气突变，也有个别学生不遵守纪律、扰乱课堂教学秩序等情况。在课堂上如果遇到这样的问题，教师要保持冷静的头脑，灵活地处理，视不同情况采取不同措施，妥善解决问题。

加强体育课堂教学的组织与管理是一门艺术，需要教师不断积累经验，提高自身能力，采用科学的教学方法，安排合理的教学内容来驾驭体育课堂教学，巧用组织教学，努力创设一个宽松、民主、愉快、和谐的教学氛围，激发学生的学习兴趣，吸引学生以积极饱满的热情投入体育课堂活动，从而实现体育课堂教学的最优化，使体育课堂组织和管理有条不紊，以保证体育课堂教学有序进行。在日常教学中，可将组织教学与教材特点有机结合，改变传统教学中单一的、千篇一律的组织教学形式，变学生被动地接受为主动地学习，从而充分发挥每个学生的主动性和创造性，提高教学效果。

四、体育课堂教学管理的基本内容

(一)队形与队列的安排与调动

队形与队列的安排与调动是教学组织的重要手段。课中合理地安排与调动各种练习队形,不仅能严密地进行教学组织,而且能培养正确的姿势。课堂教学从开始到结束都离不开队形、队列的组织和变换,在组织和调动队形时应注意以下几点。

第一,把握好运用时机。应该明确什么时候变换队形,如何变换,变换时应注意什么问题。一般情况下由讲解向示范转换时,或由一个练习转向另一个练习时,或变换练习地点时,都可能发生队形、队列的变化。

第二,根据项目特点、教学内容来合理安排与调动队伍。活动性游戏较多采用圆形队伍的形式,田径中的跑一般采用2路纵队的形式,投掷练习一般采用面对面的形式,体操项目一般采用纵队练习的形式。

第三,队形安排应有利于教师讲解、示范、指导,有利于学生观察,有利于教学顺序的安排,并使学生背光、背风、背干扰,符合卫生与安全的要求。

第四,调动队伍时应尽量缩短时间,并使学生积极配合课中各项活动队伍调动,做到步调一致,提高教学效率。

(二)教学组织形式

体育课堂教学常见的教学组织形式主要有个别教学、班级教学、分组教学这3种。其总趋势是以班级教学为基本形式,向多样化、综合化和个别化发展。具体来说,在理论与实践上进一步完善班级教学,同时也施行分组教学,以弥补班级教学的不足,加强个别教学。

1.个别教学

个别教学作为世界上较古老的一种教学组织形式,之所以至今仍有它存在的价值,就因为这种组织形式在真正意义上照顾了学生的个别差异,使学生的潜能得到充分发展,有利于因材施教,有利于培养学生的自学能力、独立思考能力等。但其效率低,难以适应教育普及的需要,也缺乏学生间的互相交流和学习,不利于学生的社会化发展。

2.班级教学

班级教学又称班级授课,是体育课堂教学的基本形式。这里的"班"不仅仅是传统意义上的"行政班"或"自然班",也包括对它进行改造后形成的"班"。从目前来看,体育课堂教学的班级编制形式多种多样,如把1个年级的学生编成若干个班叫单式班级编制,把2个年级或2个年级以上的学生编成1个班叫复式班级编制,还有按运动水平、体育兴趣、性别等标准划分班级的。

班级教学的优点主要有:第一,1名体育教师同时教40~50个学生,受教育的学生多,体现出教学的高效性;第二,学生能用较快的速度来掌握体育知识和技能,从而完成统一的教学计划,体现出教学的实效性;第三,能较好地发挥教师的主导作用;第四,便于体育教师对课堂教学进行管理。

班级教学的不足:第一,难以照顾学生的个别差异;第二,不利于学生探索精神、创造能力和实际操作能力的培养;第三,学习者之间缺乏明显的联系。

3.分组教学

分组教学是把一个班分成若干组,教师分组进行指导的教学形式。这种教学既保留了班级教学的长处,又能在一定程度上解决区别对待的问题,即教师可以根据各组的不同特点进行不同的指导。这种分组通常是以学号、身高来进行的(机械分组)。每组指定有组长,通常起着"小教师"的作用。近年来,随着教学改革的不断深入,在体育课堂教学中也涌现出多种分组方式。

(1)同质分组

所谓同质分组,是指分组后,同一组内的学生在体能、运动技能、兴趣爱好等方面大致相同。因此,可以按体能状况、运动技能水平、性别、兴趣爱好等进行分组。优点在于能增强活动的竞争性,提高学生参与活动的兴趣,但这种以运动能力为划分标准的分组还会使学生产生优劣感,甚至造成学习意愿的下降。

(2)异质分组

异质分组是指分组后,同一组内学生在体能和运动能力方面均存在差异。它不同于随机分组,而是人为地将不同体能和运动技能水平的学生分成一组,或根据某种特别需要根据"异质"进行分组来缩小各组之间的差距,以利于开展游戏和竞赛活动。

(3)友情分组

友情分组是在学生能自主选择练习伙伴的情况下,大多数学生选择与自己关系较为密切的同学在一起进行练习。在友情分组中,由于学生相互之间的信任度高,依赖性强,思想一致,因此,在学习过程中更能发挥各自的作用,形成合力,凝聚力强。

(4)帮教型分组

帮教型分组将运动技能水平有较大差异的学生分到一组,使水平高的学生直接对其他学生进行帮助,以达到帮、带的目的。这种分组形式所达到的教学效果要比教师一人对众多学生进行指导好得多,同时这种形式也是主体学习的一种体现。但不可忽视的是,帮教型分组易导致帮助者产生优越感、被帮助者产生自卑感的现象,因此,在进行帮教型分组时应慎重。

分组教学的优点:①有利于因材施教,能根据学生的不同能力、水平,甚至不同的兴趣分成几个组,对不同的组提出不同的要求,采用不同的教学方法进行教学,能适应学生的能力和要求,照顾了学生的差异;②有利于教师组织教学,提高教学质量。

分组教学也存在不足,主要是不利于学生个性的健康发展,能力强的学生易滋生骄傲情绪,能力差的学生会产生自卑感。

(三)教学场地、器材的布置

场地、器材是体育课堂教学不可缺少的物质条件,是实现课堂教学目标的物质保证。科学合理地布置场地、器材,不仅能充分利用场地、器材,增加学生练习的次数,合理安排课的密度,而且能创建优良的教学环境,提高学生练习的兴趣和积极性。因此,进行场地、器材布置时应注意以下几点。

第一,应符合卫生和安全要求,严防伤害事故的发生。

第二,应便于教师对学生的指导,有利于队伍的调动。

第三,应有利于变换练习内容,提高学习效率。

(四)课堂控制

为了保证课堂教学活动按照计划一步步朝着实现课堂教学目标的途径运行,体育教师必须监控课堂教学活动的效果,必须随时将达成目标的情况与预先设定的目标进行比较,一旦出现偏差,应及时采取纠偏措施,使课堂教学活动回到正确的轨道上。对课堂进行管理控制的过程主要包括确定课堂教学目标、衡量实际达成目标的情况、分析偏差产生的原因、采取纠偏措施等。

(五)课堂违纪行为的预防控制

课堂违纪行为的预防控制是在违纪行为产生之前,采取措施优先实施预防性管理,避免或减少违纪行为产生的可能性。好的预防控制主要取决于明确的课堂常规和行为标准、促进学生达成目标的成功经验、保持良好的课堂环境、建立和谐的师生关系等。

(六)对违纪和偶发事件的处理

违纪是指学生违反课堂纪律或课堂有关规定的行为。而偶发事件是指在教学过程中教师没有预料到的突然发生的事情。体育教师对课堂教学组织与管理再严密,这2种情况在课堂上也是无法全部避免的。教学中一旦出现违纪或偶发事件,教师要迅速反应,及时进行控制,保持态度冷静,果断处理问题。

第三节　体育课堂教学管理的方法

一、场地、器材管理

任何体育活动都是在一定时间和空间内进行的,体育场地是运动空间的具体形式。体育场地的数量和质量直接影响到体育活动的质量和效率。从某种意义上说,离开了体育场地,高校体育课程就无法正常开展。除了体育场地之外,多数体育活动的开展还需要特定的器材。配备充足的体育器材与合理使用体育器材可以提高锻炼效果,使体育锻炼更具有趣味性和实效性。因此,合理设计、充分利用、有效开发体育场地和器材资源,是提高体育教学质量的重要条件之一,也是体育教师应该具备的重要的教学技能。

(一)场地管理

1.体育教学场地布局和使用的基本要求

(1)安全性

体育锻炼的目的是增强身体素质,如果因为场地问题使学生身体受到伤害,那就失去了体育锻炼的意义。因此,体育场地在布局和使用中要考虑的首要问题就是安全性。体育教学要保证学生在安全、宽敞、舒适的环境下进行运动技能的学习和身体锻炼。体育场地要宽敞、平整,硬度适中,场地内没有障碍物和不利于运动的物体存在。练习投掷项目时尽量朝向空旷地带或"无人区"投掷。在跳跃项目的落地区一定要有沙坑或垫子等。

(2)趣味性

场地的布置和利用一定要考虑学生的能力、兴趣和爱好,考虑学生的心理特征,以激发学生对体育运动产生浓厚的兴趣。如小学的体育场地应注意突出外观效果,以鲜明的色彩、明快的线条、有趣的图片等吸引学生对锻炼场地的注意力。大学生对体育场地的标准化程度要求更高,可以使用标准的竞技体育场地。总之,根据不同年龄阶段学生的特点来设置和利用体育场地,是保证体育教学质量的重要条件之一。

（3）目标性

体育课程的目标体系包含了身体健康、运动技能、心理健康等多个学习领域，但是体育教学多元化目标的实现有赖于运动技能的学习和身体锻炼的过程，所以，体育场地的布局和使用要有利于教学目标的实现，特别是要有利于运动技能的学习和身体锻炼。要根据教学内容和教学目标合理安排场地的使用，保证每个学生都拥有适宜的练习空间和人际交往空间，保证练习场地的充足与合理运用，从而保证体育、学习目标的有效完成。

（4）教育性

高校的任何工作都与育人有关，在体育场地的布局使用上也是如此。体育场地的设计、布置和使用要体现以人为本和育人为上的理念，注重环境因素对学生潜移默化的影响和教育作用。如运动场周围的墙壁上可以书写"发展体育运动，增强人民体质""到阳光下，到操场上，到大自然中去陶冶身心"等标语口号。场地的地面要整洁、卫生，没有杂物污物，使人心情愉悦；场地上的标志线要醒目、整齐、简洁，以令人赏心悦目的体育教学环境给学生以美的感受，陶冶他们的情操。

2. 不同体育教学内容在场地布局和使用上的特点与注意事项

不同体育教学内容在场地布局和使用上具有不同的特点。有的体育教学内容对场地条件要求较高，如篮球、网球；有的体育教学内容则要求较低，如田径、徒手操；有的体育教学内容需要有专用设施，如器械体操；有的体育教学内容则随处可练，如"拳打卧牛之地"。了解不同内容在场地布局和使用方面的特点及注意事项，有利于体育教学质量的提高。

（1）球类教学内容在场地布局和使用上的特点与注意事项

第一，球类教学内容在场地布局和使用上的特点。大多数高校由于受场地面积的限制，球场的布局往往不像竞技体育场地那样规范。一个篮球场上常常安装不止一对篮球架，羽毛球场有时也会布置在篮球场中间，甚至在田径场中间也会设置篮球场和排球场。这种布局在竞技体育的场地中是没有的。这也是高校体育场地的一个明显特点。

球类项目的教学活动一般在固定的球场上进行。这些球场一般画有固定的标志线。因此，体育教师可以充分利用球场上各种已有的标志线和区域开展教学活动。以篮球教学为例，一般情况下，传球教学可以成4列横队在球场中间进行；投篮教学可以围绕限制区或三分线进行；行进间传接球可以在端线以外成纵队向球场内进行;准备活动可以充分利用场地线进行各种路线和图形的跑动,如跑方形、跑"8"字、跑对角线、跑蛇形等等。

第二,球类教学内容在场地布局和使用的注意事项。校园如有两个以上球类项目的场地,则应该将场地尽量集中安排在一起,至少也应将相同球类项目的场地安排在一起,以便教师开展教学活动和对学生进行有效的指导。

球类项目中跑、跳活动较多,因此,教学场地要平整、硬度适中、无杂物,以保证学生在运动中的安全。许多高校把篮球场铺成砖地,时间一长,部分区域容易凹陷,甚至高低不平,而且地面很硬,并不是理想的球场。在没有铺设塑胶场地的高校,沥青地面或者质量较高的土地面也是不错的选择。

场地旁边如是校园围墙,则应该把围墙加高,以防球打出墙外,造成不必要的麻烦。尤其是在排球场更应注意这一点。

球类项目的场地上最好画上固定的标志线,这样可以减少平时上课画线的工作量,便于体育教师开展教学活动。

球类项目的设施如篮球架、排球网、乒乓球台等,应当牢固、结实、耐用、美观,并应当经常检查维修,确保使用安全。

在较大的足球场上教学时,如不是进行教学比赛,教师应在场地上做标记,确定活动范围,防止出现学生活动范围过大、教师无法对教学活动进行有效调控的现象。

(2)田径教学内容在场地布局和使用上的特点与注意事项

第一,田径教学内容在场地布局和使用上的特点。"田径"这 2 字本身就已经概括了田径场地的基本特点,即田赛项目在空间较大的空地上进行,径赛项目在类似小径的跑道上进行。高校如没有标准或非标准的田径场地,选择一片平坦空地便可开展跳与投的活动,选择狭长、平坦的土地便可开展走、跑类的活动。高校中的田赛场地要考虑到教学的实际需要,如跳远沙坑可以适当增加宽度,能允许 2 人并排跳远;跳高场地可以布置成十字形,4 个组同时练习;投掷方向要面向无人区,要有足够的场地空间等。基层体育教师在教学实践中创造了很多田径教学场地布局的实例,具有很大的借鉴意义。

第二,田径教学内容在场地布局和使用上的注意事项。走、跑类的教学活动,应选择平坦、硬度适中的地面进行。进行快速跑的教学时,跑道长度一般应在 25米以上。耐久跑的教学可因地制宜,根据具体情况在有限的场地上设计不同的跑动路线。

进行跳远、跳高的教学时,落地区一定要有沙坑或垫子,为方便教学,可以左右相邻设置 2～4 个落地区同时进行练习。

投掷项目教学的场地使用一定要把安全放在第一位,场地的布局使用以及练习方法要确保学生安全,不发生伤害事故。最好不要安排学生面对面投掷,投掷方向应朝向无人区。使用实心球进行面对面投掷时,相对同学之间要留有足够的距离。

当在篮球场上进行田径内容的教学时,应注意充分利用场地的长度和宽度。为增加长度,可以考虑使用对角线进行快速跑练习。若进行耐久跑教学,则可在场地上设计多样的跑动路线,如利用篮球赛场上的标志线进行 8 字形、对角线、方形、蛇形、螺旋形等多种路线的跑进,不仅因地制宜,而且妙趣横生。多种变化的跑动路线和活动方式,可以有效增强长跑的趣味性。

(3)体操教学内容在场地布局和使用上的特点与注意事项

第一,体操教学内容在场地布局和使用上的特点。体操项目通常包括单杠、双杠、支撑跳跃和技巧项目等。单杠、双杠属于固定体育设施,多呈直线并排安装。教学时学生一般呈横队站在器械两边观察动作或等待练习。跳箱、山羊、垫子等器材可以临时布置并在用后搬离。支撑跳跃教学场地多并排布置,学生成纵队同时进行练习。技巧的教学场地布置较为灵活,可以根据学生人数多少把垫子布置成直线、圆形、弧形或方形。

体操教学的场地布局,无论以何种形式出现,一般都比较集中,以便教师帮助保护和观察情况,同时也有利于学生之间的相互观察与合作。

第二,体操教学内容在场地布局和使用上的注意事项。体操练习场地的地面要平坦,相邻器械之间要有足够的间隔,支撑跳跃和技巧项目的相邻器械中间要有 2 米以上的间隔距离;相邻单杠、双杠之间最好有 3 米以上的间隔,周围 4 米以内最好没有其他物体,以免影响练习。器械的安装要牢固、耐用,器械的下面和支撑跳跃的落地区要有垫子等。

在布置这些项目的练习场地时,要便于教师观察情况和指导学生练习,在器材中间留有足够的空间距离等,在此基础上可以进一步考虑布局形式上的美观。有的教师把支撑跳跃的练习场地布置成圆形,4 个方向各有 1 个器械,看起来很新鲜,但教师在中间最多只能观察到 2 组学生的练习情况,顾及不到全体学生的练习,这种场地布局形式就不可取。

(4)操、舞与武术类教学内容在场地布局和使用上的特点与注意事项

第一,操、舞与武术类教学内容在场地布局和使用上的特点。操、舞与武术类项目教学场地的布局和使用特点是灵活多变、简便易行,没有特殊要求。只要有

一片足够大的空地,便可开展这些项目的教学活动。教师可根据空地的大小和学生的人数,灵活设计练习的队形,合理、充分地利用场地。一些条件较好的高校建有室内健身房,在室内进行操、舞和武术类教学时,要注意充分利用场地,利用墙壁上的镜子以及其他设施,以增强教学效果,提高教学质量。

第二,操、舞与武术类教学内容在场地布局和使用上的注意事项。操、舞与武术类项目教学场地要平坦,有足够的空间,由于这类教学活动常常使用音乐伴奏,因而最好远离教学区,以免影响其他班级的文化课教学。

操、舞与武术类项目教学要求学生注意力高度集中,所以场地周围最好没有或较少有干扰因素。要尽量保持场地的整洁和美观,努力营造一个令人身心愉悦的教学环境。

如果是在不规则的场地上进行操、舞与武术类项目的教学,应该根据学生人数多少和场地的形状、大小来确定上课的队形。原则是应能使所有学生清楚地观察到教师的示范动作,相邻学生之间要有足够的间隔距离,以保证学生能正常进行练习。

3.体育场地资源的开发与利用

目前,我国还有部分高校在体育场地的建设方面尚不够发达,充分合理地开发与利用体育场地资源具有重要意义。

(1)改造现有场地,提高利用价值

可以根据高校现有体育场地的情况,因地制宜地进行改造,使其更加适合学生开展体育活动。

(2)合理布局场地,提高利用效率

要根据高校开展体育活动的实际需要,合理布局体育场地。既要满足体育教学的需要,又要满足课外体育活动和高校比赛的需要;既要确保学生活动时的安全,又要保证学生有足够的活动空间。例如在田径场半圆内设置篮球场或排球场,在篮球场内设置排球场使二者兼用;在平坦的道路上或其他自然地形中设置跑道;在边角空地上设置体操器械或砌乒乓球台;在大树上设置爬绳、爬杆;农村高校可以利用现有的树木、沟渠、土岗等地物地形,设置障碍跑的练习场地;等等。

(3)利用地理资源,开展体育锻炼

我国幅员辽阔,地貌多变,高校可以充分利用当地的自然地理资源开展体育锻炼。例如利用湖泊可以游泳,利用山地可以爬山,利用荒原可以远足、拉练,利用树林可以开展定向运动,利用田野可以开展越野跑和跳跃练习,利用沙丘、沙地可以滑沙、打沙滩排球。

(二)器材管理

很多体育教学内容要使用专用的器材,如跳绳、跳箱、跳高架、篮球、排球、实心球、单杠、双杠、跨栏架等等。有些体育项目离开了器材就失去了存在的意义,如篮球、排球等。在体育教学中合理地使用器材,充分挖掘器材的使用价值,可以有效激发学生对体育运动的兴趣,加强体育锻炼的效果,提高体育教学的质量。

1.使用器材的基本要求

(1)目标性

目标性是指要紧紧围绕本节课的教学目标、教学内容使用器材。例如在学习新教材时,要提供尽可能多的器材,以满足学生练习的需求。在教学比赛时,只提供比赛用器材即可。使用器材时,要根据教学目标大胆创新,勇于改革,以取得最佳的课堂教学效果,但要防止背离教学目标的创新和改革,犯华而不实的错误。例如,不切实际地把生活用品甚至食物引入体育课充作器材。

(2)安全性

安全性是指器材的使用应充分考虑学生在练习时的安全。一是要考虑到器材本身的安全性,二是要考虑到器材在使用过程中的安全性。如器械安装要牢固且符合学生的身体要求(双杠的高、低、宽、窄等);投掷项目要根据学生的投掷能力与水平,画好安全线和投掷线;沙坑应疏松平整;使用武术器械时要让学生保持一定的距离;等等。应保证学生在舒适、安全的环境条件下轻松愉快地进行练习,严防伤害事故的发生。

(3)趣味性

趣味性是指器材的使用要考虑到学生的兴趣、爱好,有利于激发学生对所学内容产生浓厚的兴趣。器材安排与使用要合理有序,新奇实用,使学生每堂课都有耳目一新的感觉,使他们心情愉悦且跃跃欲试,从而激起学生对体育课的兴趣。这不仅有利于学生掌握运动技能,而且能促进学生身心得到和谐发展,也有利于促使学生养成自觉坚持锻炼身体的良好习惯。

(4)针对性

针对性是指根据教学的具体需要、学生的体育兴趣和爱好、学生的身体素质和年龄特征,有目的地选择和体育器材。例如,要根据学生的年龄特点选择球类的重量与大小;根据学生的年龄、身高等特点,确定单杠、双杠、跳箱等器材的高度和宽度;根据学生的力量情况选择合适重量的实心球、哑铃等。

（5）实用性

器材的使用要因地制宜,因陋就简,从实际出发,讲求实用和实效。尤其是经济欠发达地区和条件较差的高校,要最大限度地发挥现有器材的作用,并创造性地设计、制作简易器材。充分利用高校或学生现有条件,拓展现有器材的多种用途,为学生进行体育锻炼创造有利条件。

二、队列、队形管理

队列、队形练习是体育教学的重要组成部分。在体育教学中合理应用队列、队形能有效组织、调动学生活动,有助于完成教学目标和提高教学质量。通过队列、队形练习,可以培养学生的组织纪律性,增强学生的集体主义观念。

队列、队形练习应遵循由易到难、由简到繁、循序渐进的练习原则。队列练习在教学中虽然只有短短的几分钟,但其作用和意义很大。长期坚持下去会使师生之间配合更加默契,教学衔接更加紧凑,有利于振奋学生的精神,促进体育教学水平的提高。

(一)体育课常用队列练习

1. 立正

口令:"立正"

动作方法:两脚跟靠拢并齐,两脚尖向外分开约一脚之长;两腿挺直;小腹微收,自然挺胸;上体挺直,微收前倾;两肩自然下垂,手指并拢自然微屈(拇指贴于食指的第二节),中指贴于裤缝或大腿外侧;头要正,颈要直,口要闭,下颌微收,两眼向前平视。

2. 稍息

口令:"稍息"

动作方法:左脚顺脚尖方向伸出半脚,两腿自然伸直,上体保持立正姿势。稍息过久,可自行换脚,但应先恢复立正姿势,再换脚。

3. 整齐

(1)向右(左)看齐

口令:"向右(左)看——齐"

动作方法:听到口令后,基准学生不动,其余学生向右(左)转头,眼睛看右(左)邻同学的腮部,并通视全线。后列学生先对正,后看齐。学生之间左右间隔一拳,前后距离一臂。学生身体姿势保持正直,用碎步迅速移动看齐。

（2）向中看齐

口令:"以××为基准,向中看——齐"

动作方法:听到"以××为基准"口令后,基准学生左手握拳高举。听到"向中看——齐"后,基准学生将手放下,其他学生按照向右（左）看齐的动作要领向中看齐。

（3）向前看

口令:"向前——看"

动作方法:听到口令后,基准学生不动,其余学生将头转正,恢复立正姿势。

4.报数

口令:"报数"

动作方法:学生从右至左依次以短促洪亮的声音转头报数（最后一名不转头）,右列最后一名报"满伍"或"缺×名";纵队报数时,从前向后报数,按上述报数要领进行。

体育课中,为了教学的需要,往往用指定数字报数,或几列同时报数。方法同上,但教师应事先说明,如:"一至三—报数""各列—报数"等。

5.集合

（1）横队集合

口令:"成一（二、三……）列横队——集合"

动作方法:教师站在预定队形中央、前方,面向站队方向成立正姿势,下达口令。学生听到口令后,跑步面向教师集合。基准学生首先跑到教师左前方适当位置成立正姿势,其余学生随基准学生依次向左侧排列,站成指定队形,自行对正、看齐,成立正姿势。

（2）纵队集合

口令:"成一（二、三……）路纵队——集合"

动作方法:教师动作同横队集合。听到口令后,基准学生迅速跑到教师正左前方适当位置成立正姿势,其余学生以基准学生为准,依次向后重叠站成指定队形。

6.解散

口令:"解散"

动作方法:听到口令后,学生迅速立正,再离开原位。

7. 向左(右)——转

口令:"向左(右)——转"

动作方法:以左(右)脚跟为轴,左(右)脚跟和右(左)脚。前脚掌同时用力向左(右)转体90°,重心落在左(右)脚上,右(左)脚靠拢左(右)脚;转体时,两腿挺直,上体保持立正姿势。

8. 踏步

口令:"踏步——走"

动作方法:听到口令后,两脚在原地上下起落,抬起时脚尖自然下垂,离地面15厘米,上体保持立正姿势,两臂动作与"齐步走"的要求相同。

9. 齐步走

口令:"齐步——走"

动作方法:听到口令后,左脚前迈约75厘米着地,第一步稍有力。重心随即移到左脚,右脚依此法行进;上体挺直,手指自然并拢微屈;两臂前后自然摆动,前摆时,前臂微向里合。行进速度约为每分钟120步。

10. 向后转

口令:"向后——转"

动作方法:听到口令后,右脚的前脚掌稍微抬起,脚跟着地,左脚的前脚掌着地,两腿自然伸直,上体保持立正姿势,双手紧贴两腿外侧。身体向右后方向转体180°,然后左脚向右脚靠拢成立正姿势。

11. 立定

口令:"立——定"

动作方法:齐步走时,听到口令后,左脚向前大半步着地,两腿挺直,右脚迅速靠拢左脚,成立正姿势。

跑步走时,听到口令后,继续跑进2步,然后左脚向前大半步(两臂不摆动)着地,右脚靠拢左脚,同时将手放下,成立正姿势。

踏步时,听到口令后,左脚踏1步,右脚靠拢左脚,原地成立正姿势。

12. 跑步变便步

口令:"便步——走"

动作方法:跑步换便步时,听到口令后,动令落在右脚,继续原地跑2步,第三步两臂自然放下,换成便步走的动作。

13. 左(右)转弯走

口令:"左(右)转弯——走"[原地起动则为"左(右)转弯齐步——走"]

动作方法:听到口令后,基准学生立即向左(右)转走,其余学生依次行进至基准学生变向的位置时,亦向左(右)转向新方向跟进。

横队左(右)转弯走时,左(右)翼第一名原地踏步,并逐渐向左(右)转动;右(左)翼第一名以大步行进,注意不要挤左(右)翼学生;其余学生不转头,并始终保持规定的间隔,越接近左(右)翼的学生,步幅越小。全体转向新方向后,原地踏步再下达"前进"或"立定"的口令。

14.行进间向后转走

口令:"向后转——走"

动作方法:口令"走"的动令落在右脚上,左脚向前一小步作为缓冲,重心在两脚之间,两脚的前脚掌着地并迅速向右后方向转体180°(成右脚在前左脚在后),按口令节奏左脚迈出第一步。

(二)队列练习的教学建议

1.提高学生练习兴趣

有的学生会感觉队列练习单调乏味,对此兴趣不高。这就要求教师以身作则,严格要求,端正学生学习态度,善于发现并及时解决练习中发生的问题,正面教育、鼓励、表扬和帮助学生。

2.采用多变的形式,取得最佳的练习效果

可在原地、行走和跑动中做各种队形练习。在检查学生个别动作时,可以一个接一个或三四个学生分列做,便于教师检查和指导。

3.多人示范

队列和队形练习是集体练习,多人示范动作才能达到示范效果。如队列练习的"左转弯走"动作,第一列4个排头怎么走,最左边和最右边同学脚步移动、迈步速度、转体速度、眼睛的观察等方法是单人示范不清楚的。这时教师可带领第一排或充当左边排头学生的4人一起示范。这能使学生既看到每个人的动作,又看到互相配合的排面的变化,产生立体直观的视觉效果。

4.注意口令的运用

口令是教师完成队列、队形练习的重要语言工具,是必须执行的口头命令。教师应不断提高口令技能的应用水平,提高队列练习的质量。

(三)体育课常用队形练习

1.四列横队队形

四列横队是体育教学中较为常见的上课集合队形,无论是在上课前整队时还是在教师讲解、示范时,学生都在教师的视线范围内,有利于教师的教学组织和管理。不足之处是这种队形使后排学生视线受到一定的限制。如果让前2排学生蹲(坐)下,就不会影响后面学生的视线,上课效果会更好。有的教师让女生站在前面,男生在后面,便于男女兼顾;也有的教师让男生站在前面,女生在后面,便于更好地管理男生。具体男、女生谁在前、谁在后,要根据教师个人习惯和教学管理需要来确定。

2.双列式队形

双列式队形是在四列横队队形的基础上变化形成的。这种队形有利于学生对教师示范的观察。例如,教师讲解和示范球类项目技术动作时,两侧的学生更容易听清和看清教师所讲解的内容和动作示范,因而这种教学队形在教学中经常应用。双列式队形要注意2队相隔距离不能太近,一般相隔5~6米,根据教学需要可以更大一些,否则会影响学生的视线。

3."八"字与弧形队形

这2种队形有共同处也有不同处。八字队形通常在教学投掷时运用较多,运用此队形时学生不但能听清和看清教师的讲解和示范,更重要的是较为安全,学生在教师位置的两侧稍后。弧形队形在投掷教学中也可采用,在跳高教学中有许多教师也往往采用这种队形进行课堂教学。这种队形有利于学生从不同角度观察技术动作和认真聆听讲解。

4.方形队形

方形队形在教学中运用得也较多,非常方便教师的教学组织。学生在任何位置都能看清教师的示范,也便于教师的教学管理。例如,上技巧课时,4组练习各占1个练习区域,这样教师在场地中间就可以观察到各组练习情况。方形队形在篮球教学中较为常见。学生可沿篮球场边线和端线做各种跑动练习,也可以站在线上面向场内做徒手操和模仿性练习,学生之间又能相互观察和交流。

5.圆形队形

圆形队形在教学中应用也较为广泛。圆形队形可以缩短师生间的距离,课中以此长形临时集中又能省去不必要的队伍调动时间。运用圆形队形时,学生在任何位置都能看清教师的示范,同时,学生之间也能相互观察。这有利于调动学生学习的积极性和兴趣。技巧课、舞蹈课就常用圆形队形。圆形队形也可应用于课的开始部分的热身活动和结束部分的放松活动。

6.散点式队形

散点式队形更能体现学生的自主性和教学的灵活性。教师对个别组和区域练习组的指导、评价等运用该队形较为合适。许多练习如篮球的运球练习、单个项目的自由结合以及游戏活动等,都可采用散点式队形,这种队形能培养学生学习的自觉性,促进学生个性的发展。

总之,教师要根据教材、人数、教学组织和场地、器材布局的需要灵活运用队形。教师要勤思考、善动脑,在平时教学中加强对学生这方面的训练,使学生明白调动队伍的意图,减少不必要的混乱,达到师生心灵相通的境界,使体育课队形真正起到为教学服务的作用。

三、动作示范方法

(一)动作示范的含义

动作示范是体育教学中较常使用的直观教法。它是教师把教材内容通过形体动作展示给学生,使学生能够直接观察到动作的结构、顺序、方法和要领的一种教学行为。动作示范的主要目的在于给学生提供一个可以模仿的对象,让学生初步形成对所学动作的视觉表象,帮助学生了解动作的基本特征、形成正确的动作概念。

兴趣是人对某种事物的特殊欲求倾向,是人力求积极参与该事物的心理特点。兴趣有利于形成良好的学习氛围,有助于学生对教材的学习和掌握。正确、优美的示范动作不仅可以帮助学生建立正确的动作表象,还可以激发学生的学习欲望,引发学生对所学动作的学习兴趣,营造一种跃跃欲试的学习氛围。例如当学习技巧中经手倒立前滚翻的动作技术时,教师娴熟、优美的动作示范,不仅使学生了解了这一动作的完整形象,同时也有效激发了学生对学习这一动作的热情。因此,体育教师具备完成正确动作示范的能力,不仅有利于教学目标的完成,而且有利于激发学生的学习兴趣和热情。

从某种意义上说,学生学习运动技能的过程大多是从观察和模仿体育教师的动作示范开始的。动作示范是体育教学中常用的直观教学手段,也是方便、经济的运动技能演示方式,应该成为体育教师必备和重要的教学技能。

(二)示范的时机与位置

1.示范的时机

(1)不同示范时机的作用和意义

示范的时机是一个教师在什么时候做动作示范的问题。一般来说,在不同的时机进行动作示范具有不同的作用和目的,只要符合教学和学生的需要就是适宜的示范时机。例如教师在课程教学的开始首先做一个漂亮的动作示范,可以起到吸引学生注意力和激发学生运动兴趣的作用;在学生练习之前进行动作示范,是为了让学生产生初步的动作视觉表象,给学生一个模仿的范例;在学生练习之中做动作示范,可以帮助学生纠正动作错误,进一步明确动作要领;在课的结束时做动作示范,具有总结评价和帮助学生形成正确的动作概念的作用。

掌握好示范的时机,有利于充分发挥动作示范的作用,在不同的时机进行动作示范,要注意根据目的不同而采用不同的方法。例如完成导入性的动作示范,目的在于吸引学生注意和激发学生学习兴趣,所以动作要漂亮、潇洒、优美;为学习动作技能而进行的动作示范,目的在于给学生一个准确的模仿对象,所以,动作要准确无误,并注意动作示范的位置、速度和示范面;在学生练习中进行动作示范,目的是纠正错误和明确要领,可以进行重点示范、分解示范或正误对比示范。

"不愤不启,不悱不发。"在学生渴望看到教师动作示范的时候,或在学生注意力比较集中的时候进行动作示范,一般来说会取得较好的教学效果。因此,营造一种让学生期待动作示范的时机和氛围,对于提高动作示范效果具有非常重要的意义。体育教师要学会准确把握示范时机,合理营造示范时机,努力提高动作示范效果。

(2)示范与讲解的组合方式及其效果

讲解与示范是体育教学中运用频率较高的教法,也是较常结合起来运用的教法。讲解与示范的组合方式是指二者结合运用时的时间结构,即二者出现的先后顺序。显而易见,讲解与示范可能的组合方式只有3种,即先示范后讲解、先讲解后示范和边示范边讲解。

从学生的角度审视讲解和示范的组合方式,实际上是一个学生在感知动作时先听还是先看的问题,归根结底也是一个听觉与视觉如何结合的问题。不同的组合方式会产生不同的作用与效果,会影响学生对教学信息的接受和理解,尤其是对讲解内容的理解和记忆。心理学知识告诉我们,在人们对客观事物的感知过程中,如果有较多的感觉器官参与活动,可以大大提高感知的效果。从这一角度看,边示范边讲解的组合方式可以使学生的听觉与视觉同步活动,很容易把讲解内容和动作联系起来,建立较为清晰的动作表象,非常有利于学生获得较多的知识储存和动作记忆。但遗憾的是,这种组合方式只适用于部分教材,更多的体育运动技能,由于动作本身的时空特征及人体生理特征的限制,无法采用边示范边讲解的方式。

从学生建立动作表象的心理过程来看,由于视觉的清晰度较高,视觉表象建立迅速,因此视觉成分在动作表象中往往占据主要地位。教师首先通过示范让学生建立有关动作的视觉表象,然后通过讲解加深学生的印象,继而使学生通过身体练习逐步建立技能的动觉表象,最终使学生形成动作概念。如果不示范先讲解,动作表象储存有限的学生很难仅根据语言建立动作表象,对抽象的讲解内容的理解也必然受到负面影响。如果一个教师在教授双杠挂臂撑屈伸上这一动作时,在学生还没有看到示范的情况下,先去讲解什么"伸腿、制动、压杠"等技术要领,学生们很可能会喊道:"老师,先做一个让我们看看吧!"因为此时他们无法把教师的讲解内容与动作形象发生联系,会对讲解内容感到陌生、抽象与难以理解。所以,在学习陌生的动作技能时,在所学运动技能不能边示范边讲解的情况下,先示范后讲解这种组合方式应该成为首选的组合方式。

在动作本身条件允许的情况下,边示范边讲解有利于学生接受和理解教学信息、建立动作表象,是较为理想的讲解与示范组合方式,也应该是体育教师首选的讲解与示范组合方式。先示范后讲解比先讲解后示范更有利于教学信息的有效传递,有利于学生对讲解内容的理解和记忆,在无法边示范边讲解的情况下,先示范后讲解是更为合理的组合方式。

2.示范的位置

示范的位置是指体育教师动作示范的地点与学生之间的空间关系。示范位置的选择要注意尽量使所有学生都能清楚地看到教师的动作示范,即体育教师的示范位置应与全体学生的距离保持基本一致,特别是要照顾到后排的学生。例如在武术教学中教授基本动作时,一般采用四列横队队形,教师应站在横队两端与教师形成的等边三角形的顶点位置进行动作示范。如果是进行武术套路练习,必要时教师也可站在队伍的左前方或右前方进行动作示范,即站在套路前进方向的一侧进行动作示范。又如短跑的起跑教学,教师应让学生站在起跑线的两侧观察教师动作示范,以使学生的视线始终随教师的动作示范移动。实践证明,这几种位置的示范方法能让学生便于观察教师的动作示范。

当学生人数较多、横排超过 4 排时，最好让前面 2 排学生蹲下，以保证后排学生能清楚看到教师的动作示范。例如在进行技巧动作的教学时，教师的动作示范位置较低，要想让所有学生清晰地观察到教师的动作示范，前排同学应该蹲下。

在确定示范的时机与位置时，还要考虑到阳光和风向等环境因素的影响。一般来说，教师做示范时应该让学生背对太阳和背对风向，以免强烈的日光和风沙影响学生对动作示范的观察效果。

合理确定示范的位置和方向，可以保证学生能清晰地观察到动作示范的完整面貌。因此，教师动作在示范前，应注意分析动作的主要结构和技术特点，要考虑学生观察动作的角度，还要考虑学生的人数和队形分布特点，以及环境因素的影响，以便合理确定恰到好处的示范位置。

(三)示范方法

示范方法根据所展示的动作结构是否完整可分为完整示范法和分解示范法；根据示范的速度可分为常速示范法和慢速示范法；根据示范的正确与否可分为正确的示范和错误的示范(对比示范法)；等等。体育教师应根据动作示范的具体目的来确定具体的示范方法。

1.完整示范法

完整示范法是教师把整个动作完整连贯地进行演示的一种方法。这种方法有利于学生形成完整的动作表象，有利于保持所学动作的完整性和连贯性。教师在教一个新的教材时，先进行一个正确、优美的完整动作示范，能够帮助学生建立正确完整的感性认识，激发他们的学习热情，使其积极主动地投入学习。例如，在学习支撑跳跃某一动作时，教师在讲授前先做一个正确、优美的完整动作示范，可以消除学生特别是女生对支撑跳跃的惧怕心理，使学生从视觉上体验到动作的美感，激发学生跃跃欲试的心理，从而使学生积极主动地投入学习。又如学生跨越式跳高时，运用完整示范法，可以使学生观察到跨越式跳高的完整形象，帮助学生建立完整的动作概念。

完整示范法适合于结构较简单的动作，但不适合相对较难和动作技术较复杂的动作，因为这会影响到学生对动作的整体把握和理解。所以对于结构比较复杂的动作，运用完整示范法时，可采用辅助设施，降低动作难度，突出重点地进行动作示范，以免对学生造成学习的压力，引起惧怕心理。例如在教跑的技术时，可以先缩短跑的距离，教支撑跳跃时先降低器械的高度，教投掷项目时先减轻投掷物的重量等。

2.分解示范法

分解示范法是教师根据教学的需要,把完整动作合理分解成若干部分,根据教学的重、难点,有针对性地进行动作示范的方法。分解示范法把学生较难掌握的动作环节提炼出来,便于学生集中时间和精力突破教材的重点和难点,利于学生掌握动作。但是这种教学方法会使一个完整动作的整体性和连贯性遭到破坏,割裂动作各环节的内在联系。

在学习较复杂的运动技能时,要合理地把动作分解成几个部分,有重点地示范其重点和难点,再逐个地进行示范和学习。例如对于原地正面掷实心球,在动作示范时,可分成2个部分,一是用力前的预备姿势,二是最后用力将实心球掷出。第一部分看起来简单,又是一相对静止的动作,但实质上该技术动作对于后面的掷球动作来说,是一个很重要的衔接技术,学生理解和掌握了该动作,对学习正面掷实心球意义很大。因此,我们在教学时,应对每一个动作的技术环节做出合理的分解,并进行规范的动作示范。再如把快速跑的技术分解成起跑和起跑后的加速跑、途中跑、终点冲刺和撞线,把跳高的技术教学分成助跑起跳、过杆落地,把支撑跳跃的技术教学分成助跑踏跳、腾空落地,把篮球行进间投篮分成徒手跨步、跨步接球、起跳投篮,等等。在学习过程中,教师要讲清楚每个环节在整个动作技术中的位置,使学生明确该环节和整个动作的关系。随着教学进程的发展,分解示范法的应用应越来越少,完整示范法的应用应随之增加。

对于学生来讲,可以对他们进行动作技能的分解示范,帮助他们了解技术细节,但不要过多地进行分解练习和技术细节的练习,以免造成动作技术的脱节,影响其练习的兴趣。把本来并不太复杂的动作过多地分解练习,其结果只能是把生动活泼的体育课变成机械式的操练,使学生对练习失去兴趣和积极性。

3.常速示范法

常速示范法是为了使学生初步了解新授的完整动作而采用的正常速度的演示,目的是使学生建立一个完整的动作概念。常速的连贯演示,能使学生体验到运动的魅力,激发其强烈的求知欲。例如在太极拳的教学中,应先用正常速度把整套动作示范一次给学生看,使学生初步了解太极拳的完整动作结构,使其领略我国传统武术项目的精神风貌和特点,然后根据该次课的任务,进行其他形式的示范教学。

常速示范法由于速度较快,有时不利于学生了解动作技术的特点和动作的完整面貌。此时可使用直观教具进行辅助示范,如录像、图解等,以弥补常速示范法的不足和增加讲解的实效性。

4.慢速示范法

慢速示范法是为了使学生能够清晰地观察完整动作,减慢动作的速度和节奏,从而降低动作难度,促进学生对动作关键环节的掌握而采用的示范方法。在教学中要恰当地选用慢速示范法,在新授动作时,对于动作的难点和重点要尽量放慢速度进行动作示范,并且要和讲解配合,如技巧项目中的滚翻动作、篮球中的传球动作、排球中的垫球动作等,都可放慢速度进行动作示范,以利于学生观察动作和明确动作要领。

放慢示范速度是为了让学生了解动作的重点、难点和细节,在练习时要尽快进入常速练习,不能过多停留在慢速阶段,以免影响对动作的正确理解和掌握。

5.对比示范法

对比示范法是教师为提高学生判断、分析能力而采用的相似技术动作的对比和正误动作之间对比的示范方法。在教学中,教师要正确把握每个动作的技术关键和结构,合理地选用对比示范法,通过相似动作的对比示范,促进学生对动作的有效学习,通过正误动作的对比示范,帮助学生辨别正误动作,预防和纠正错误动作,加深学生对正确动作的理解和掌握。例如支撑跳跃的踏跳动作、前滚翻的团身动作、徒手操和武术中的一些动作等,都可采用对比示范法帮助学生形成正确的动作概念。

示范错误的动作时,不要有意模仿出现错误的同学的动作,也不要把错误动作夸张,以免伤害学生的自尊心。

(四)示范方向与示范面

1.示范方向

当示范者身体有位移存在时,如快速跑、左右滑步移动、投掷中的助跑、立定跳远等,动作示范位移的方向对示范效果有一定影响,不恰当的位移方向会影响学生对动作的观察和理解。一般情况下,教师动作的位移应当相对于学生成左右方向移动,而不应当朝向学生或背向学生移动。例如在进行快速跑、高抬腿跑、跨步跳等的动作示范时,教师应当侧对学生跑进或跳跃,使学生能观察到教师跑进的速度和动作特征。而在做篮球侧滑步的动作示范时,教师应面对学生完成动作,使学生观察到侧滑步的动作要点。有的教师背向学生做高抬腿跑的动作示范,此时学生只能看到教师的背影,而对高抬腿的腿部动作特征和身体姿态等却观察不到,导致失去了动作示范的意义。

2.示范面

示范面是教师做动作示范时自身身体结构与学生视线之间的关系。要确定合理的示范面,就应注意分析动作的结构、位移方向、技术要求等,还要考虑学生观察动作的角度。一般情况下,可采用正面、侧面、背面、镜面示范等。

(1)正面示范

正面示范是教师面对学生进行动作示范,通常是显示左右和上下移动的动作,适用于一些简单易学的动作。教师在进行动作示范时,示范方向应根据动作的结构和要求、学生观察动作的部位而定。教师应尽量使动作示范的方向、路线与学生跟做动作的方向、路线相一致,根据生物力学中运动器官三个基本运动轴和运动平面的观点来确定示范面。在实际教学中,为了显示动作在左右方向上的移动和变化,多采用正面示范,如篮球防守中的左右移动、武术中的马步冲拳等。当动作围绕身体前后轴运动时,教师就应该面对学生进行动作示范,如体侧屈运动就应采用正面示范,以使每个同学都能看清楚教师左右上下移动的动作。当身体绕纵轴运动时,由于身体处于运动变化之中,一般可以从正面示范开始,在不同的位置结束动作。

(2)侧面示范

侧面示范是教师用身体侧对学生做动作示范。它是体育教学中运用较广泛的一种示范方法,适用于动作简单、结构较复杂的技术动作。当动作呈现前后移动状况和身体绕横轴运动时,教师应采用侧面示范,如技巧项目中的前滚翻、后滚翻、支撑跳跃,单杠前翻下,站位或坐位体前屈,跳远的起跳、腾空和人体在空中的移动,走和跑的蹬摆动作,武术的弓箭步、弓步、正压腿等。为显示动作在前后方向上的移动和变化,一般采用侧面示范,如跨栏跑的摆动腿上栏动作和起跨腿后蹬、提拉动作等。

(3)背面示范

背面示范是教师背对学生做动作示范,一般用于某些方向、路线变化比较复杂的动作或身体各部位配合较难的动作。根据动作的结构和要求,以及要求学生观察动作的部位,教师的动作示范绕前后轴运动时,可采用背向学生的方法进行动作示范。武术中的器械套路、徒手操中较复杂的全身运动、艺术体操和健身操的套路动作等由于动作方位变化多且没有规律,教师在教学中需要随时改变示范的位置和方向,因此,对这些动作或套路的学习,采用背面示范效果较好。

（4）镜面示范

镜面示范是指教师面向学生进行动作示范,动作示范的方向与学生练习方向相一致。镜面示范的动作就像学生的动作在镜子中的成像。在教学中采用镜面示范有利于学生正确、整齐地模仿跟做,也便于教师对学生进行观察和指导。镜面示范通常用于动作呈左右方向、路线较为简单的徒手操、武术和舞蹈动作等。

镜面示范对教师的动作示范能力要求较高,尤其是一些技术较为复杂的动作,做镜面示范并非一件容易之事,教师应事先进行练习,做好充分准备,只有这样才能在教学中完成准确的镜面示范。

(五)动作示范的基本要求

1.明确目的

体育教师的每一次动作示范都要明确所要解决的问题。教师要根据教学目标、教学步骤以及学生的实际情况,合理确定动作示范的内容、方法、时机、位置等。盲目的动作示范反而会分散学生的注意力,影响教学效果。

2.动作正确

体育教师示范的动作应该是动作的典范,是学生模仿的范例,要力求正确、熟练、轻巧、优美,使学生对所学动作产生正确的印象。

3.位置恰当

要注意示范面的合理、恰当,使每个学生都能清楚地看到教师的动作示范。在必要的情况下,教师应该及时调整位置,以保证动作示范的有效性。

4.方向合理

要保证示范方向和示范面的合理,使每个学生都能观察到动作的位移方向和主要特征,以便模仿学习。

四、负荷管理

在体育课中,学生身心都要承受一定的负荷,其中身体练习对机体产生的影响称为生理负荷,由各种刺激所引起的心理负担称为心理负荷。

研究体育课的负荷,对于保证体育课的顺利进行、促进学生身心健康发展、提高教学质量等,都具有重要意义。以前,在生物体育观的指导下,人们只注意对生理负荷的研究,随着心理学的发展及其在体育教学领域中的运用,目前人们已开始对心理负荷进行研究。这不仅丰富了体育教学论的内容,也促进了体育教学的科学化。

(一)体育课的生理负荷与心理负荷

1.体育课的生理负荷

（1）负荷量和负荷强度是构成生理负荷的2个因素

负荷量是指有效练习总的时间、总的次数、总的距离、总的重量等。负荷强度是指练习对机体刺激的程度、做练习时用力的大小或者做练习时机体的紧张程度。一般情况下，负荷强度对机体的刺激性更强些，在安排与调节负荷时，既要注意负荷量，更要注意负荷强度。负荷量与负荷强度的关系是对立统一的，它们共同构成生理负荷的总体，一般来说成反比关系，即负荷量很大时，负荷强度应减小；反之，负荷强度较大时，负荷量应减小，其中时间长短是一个重要因素。

（2）内部数据与外部数据是生理负荷的2个层面

学生做完身体练习之后，心率、血压等都会发生变化，这些数据为生理负荷的内部数据，而学生做练习的次数、总时间、总距离等为生理负荷的外部数据。对于同一个学生来说，内部数据与外部数据是相对的。在不同条件下，外部数据相同，内部数据可能不同，反之也如此。在安排和分析生理负荷时，既要考虑外部数据，又要考虑内部数据。

2.体育课的心理负荷

关于体育课心理负荷问题，目前国内外尚处在一个探索阶段。对心理负荷进行测试与评价的难度较大，特别是量化指标的测定与评价，更处于研究阶段。

如同生理负荷一样，心理负荷也可以划分成负荷与恢复2个层面，无论负荷或恢复，都分别由负荷量和负荷强度所组成。

心理负荷的大小取决于下列因素。

第一，生理负荷的心理承受度——学生对外部负荷练习和强度（强度、密度、数量和运动项目的特性）的心理承受程度。

第二，艰险动作的心理无畏度——运动练习的难度和危险程度对学生心理施加精神压力，学生对比产生的无畏、抗拒的能力。

第三，教学环境的心理适应度——学生对体育教学的自然环境，场地、器材等设置的适应程度。

第四，教学方法的心理满意度——学生对教师的教学方法、组织方法和手段的心理满意程度。

第五，人际关系的心理相容度——体育教学过程中的人与人的互相关心和相互理解的程度。

第六,考核标准的心理激励度——考核标准形成一种条件激励的心理环境,学生对比所产生的激励感的程度。

第七,注意的集中度——学生在心理上对一定事物的指向集中程度。

第八,意志的努力度——意志是人自觉调节自己行为去克服困难,以达到预定目的的心理过程,是人的意志能动的表现。

第九,情绪的活跃度——情绪是机体需要所产生的心理体验。

不难看出,体育课的心理负荷取决于对学生的施教因素、环境因素、心理意向的心理度量值的大小。所以体育教学的实施,要特别重视心理因素对教学效果的影响,因为心理负荷与诸多因素相关,一方面受学生体质状况和个性所制约,另一方面又受施教因素、环境因素的作用。然而运动负荷所产生的心理效应不能脱离心理过程而单独存在,必然又从注意、情绪、意志等方面表现出来。在体育教学中有许多的信息,对信息的科学管理也是提高教学质量的重要保障。

(二)体育课密度

1.体育课密度的概念

体育课密度是指一节课中有效利用的教学活动、教学辅助活动的时间与上课总时间的比例。有效利用的教学活动和教学辅助活动包括:练习、指导、分析与帮助、组织、休息。上述活动中某项活动运用的时间与总课时之比为该项活动的专项密度,如学生实际练习的时间与总课时的比例为练习密度。

(1)练习时间

凡是课中有目的地学习掌握、巩固提高技术技能,提高身体素质,提高运动能力的练习所花的时间,均可算作练习时间,具体判断标准应根据教材和组织教学的特点加以确定。在我国体育教学实践中,一般是参照下列的判断标准。

基本体操:如果是先讲解示范后练习,学生做动作的时间算练习时间,如果是边讲解示范边练习,整个过程的时间算练习时间;

器械体操:从开始姿势到结束姿势的时间均算练习时间。教师明确要求用跑步出入队列的时间也算练习时间。

跑:从预备姿势开始到终点缓冲结束的时间均算练习时间。跑、走跑交替归队的时间也算练习时间。

跳跃:从开始姿势到离开沙坑或垫子等的时间均算练习时间,归队同"跑"的要求。

投掷:从开始姿势到投出器械后身体恢复正常姿势的时间为练习时间,出入队列同"体操"的要求。如要求跑步捡回投掷器械的时间也算练习时间。

球类、游戏:单个动作教学,从动作开始到结束的时间为练习时间。球类教学、比赛与集体游戏的整个过程的时间都为练习时间,如果因为犯规,教师讲解、示范,学生站着不参加活动,应酌情扣除或不算练习时间。

武术:无论是动力性动作,还是静力性动作,从动作开始到结束的时间均算练习时间。

队列练习:专门的队列练习,凡是按口令要求做的动作的时间均为练习时间;组织教学中,教师有目的地安排学生跑步取送器材、变换练习场地的时间也为练习时间。

循环练习:原则上整个过程的时间都算练习时间,如果出现中断则酌情扣除。

(2)指导时间

凡是教师有目的地运用讲解、示范、演示、分析以及个别指导等方式,指导学生学习掌握、巩固提高体育知识、技能的时间均为指导时间。从开始讲解、示范、演示、分析,一直到结束的时间均计为指导时间。

(3)分析与帮助时间

凡是学生用于进行自学、互相观察、分析讨论、互相帮助的时间均为分析与帮助时间。

(4)组织时间

凡是课中整队,交换场地,搬运、安装、分发和收回器材等,用的时间都为组织时间。但是,如果教师有意识地通过跑步或其他放松练习方式调动队伍、收回器材等,所用时间可计为练习时间。

(5)休息时间

凡是练习后教师有意识地安排学生休息,或一次练习后等待下一次练习,即一次练习后直到下次练习开始的时间均为休息时间。

课中的不合理的时间是指消耗在与教学、教学辅助活动无关方面而浪费的时间,包括因晚上课、早下课、课准备不充分或课中教具的损坏,以及教师擅离教场地导致课中教学活动中断等而浪费的时间。合理地组织体育教学活动,可以避免这些浪费时间的情况的发生。

在我国的体育教学中,比较合理的体育课密度一般是:指导占 15%～20%;练习占 30%～50%,分析与帮助占 5%～15%,组织占 10%～15%,休息占12%～25%。这些只能做参考,不可照搬。因为体育教学中,教学目标、教学内容、学生条件、教师经验以及教学环境等各有不同,所以在具体分析一节体育课的密度时,要根据一定的教学目标,教材性质,学生人数,场地、器材,气候条件等具体情况,实事求是地进行分析。

研究课的密度是当前体育教学中比较容易进行的一种定量分析的方法。它对于如何有效地利用上课时间,检查课中存在的问题,提出改进的方法,不断提高课的教学质量都有重要意义。

体育课的密度包括一般密度和练习密度。在日常体育教学中我们主要测定练习密度(又称运动密度),由于练习密度的测定方法简便易行,又能直接反映体育课的教学特点和学生锻炼效果,对提高体育教学质量影响较大,因此练习密度的测定是教科研人员评定体育课教学质量的主要方法之一。

2. 体育课练习密度的控制

体育课各部分活动时间分配不能机械地规定出固定的时间比例,应从这节课的教材特点和教学目标进行出发预设。要以学生练习的时间为课的主要成分,精讲多练,减少不必要的教学环节,力争学生做练习的实际时间占比(即练习密度)能达到30%～40%。体育课运动负荷量不但与练习密度直接相关,而且与强度的大小有密切联系,切不可盲目追求练习密度。课的练习密度是否合理,各项活动时间的相互关系如何,应根据本课教学目标、教材内容和学习对象的特点以及场地、器材,气候条件等方面而定。在安排与调节课的密度时,应注意以下几点。

第一,认真备好课是完成教学任务的基本保证。教师在钻研教材的同时要对学生身体状况进行全面的了解,万万不可为了追求练习密度而不考虑学生的情况。应根据教学目标和教学条件等,合理地确定与安排各项活动的时间。如对于新授课,教师指导的时间应相对地多些,学生做练习的时间就相应地少些,复习课则相反。

第二,改进教学方法和组织形式。教学方法要具有多样性和灵活性等特点,充分利用一节课进行有效的课堂教学,充分发挥学生自主学习的积极性和主动性。教学组织应尽量减少不必要的组织措施和队形调动。场地、器材的布置要便于教学,器材尽量做到一物多用。

第三,在教育学生自觉维护课堂纪律的同时,要不失对其学习兴趣的提高和积极性的发挥。学生的个性发展应建立在教育目标上。应发挥体育骨干分子的作用,使其帮助教师做好教学小助手的工作。

第四,教学计划性和灵活性。课堂教学的设计是根据教材和教学目标预设的,在实际教学过程中会发生与原教学方案不协调的现象,一些问题会随着教学的深入开展而逐渐生成,这时就需要教师灵活调整原先设计好的教学方案,力求教学目标更好地实现。

(三)体育课练习强度

1.体育课练习强度的概念

练习强度是指单位时间内完成的练习对人体生理负荷的影响,是由练习的次数、时间和难度因素决定的。例如,50 米跑练习要求一节课跑 6～8 次,虽然次数不多,但强度较大;在单双杠教学中,由于难度较大,学生心理负荷远大于其他项目。所以课的练习强度大小与练习的次数、时间、难度都有着密切的关系,教师在授课中不可盲目强求统一。

2.体育课练习强度的控制与调节

体育课练习强度的大小是受练习次数、时间和教材难易度影响的。过去评价一节课的好坏主要根据生理指标,新课程改革以来虽然不再强调以生理指标衡量一节课的优劣,但就课程性质而言,“体育与健康课程是一门以身体练习为主要手段、以增进学生健康为主要目的的必修课程”。所以,没有一定练习强度和运动负荷的体育课是达不到锻炼身体的目的的,但练习强度过大反而会影响学生身体健康发育,因而合理安排练习强度应注意以下几点。

第一,认真备课是完成教学目标的关键。应深入研究教材,了解学情,合理预设教学各部分练习的时间、次数和要求。器材数量和高度都要根据教学需要做相应的调整,不可千篇一律要求每个学生,应因人而异有所区别。

第二,对不同教材内容应采用不同的教学手段,对难度较大的教材,要适当控制练习次数和增加休息时间。对难度较小的教材,可适当增加练习次数和减少休息时间。例如,单双杠练习由于用上肢来支撑身体的重量,而且是在一定的高度处完成动作,生理负荷和心理负荷都较大,因而应减少练习次数,增加间歇时间,讲求动作质量。

第三,体育教学应区别于竞技体育训练,不考虑诸多教学因素、一味地增加强度反而会影响教学的进行,还会发生一些不可预测的安全隐患。所以,在预设练习强度时教师应全面考虑各方面的因素,科学安排练习强度以保证学生身心健康发展。

3.**体育课运动负荷的检查和评定**

一堂体育课运动负荷的安排是否合适,要通过实践来检验和评定。通常采用观察法、自我感觉法、生理测定法检验和评定体育课的运动负荷。

(1)观察法

观察法是教师在课中常用的一种方法,主要是观察学生的呼吸、汗量、面色、表情,以及动作的质量、动作的准确性、控制身体的能力和做练习的积极性等,发现运动负荷过大时应及时调整。

(2)自我感觉法

自我感觉法是在课后或课中了解学生对课的主观感觉来判断运动负荷的大小。自我感觉包括饮食、睡眠、肌肉酸痛程度、情绪和练习兴趣等。课后无任何反应代表运动负荷过小;课后饮食增加,睡眠香甜,肌肉有酸痛现象且经短期休息后即消失,精力旺盛,则运动负荷适当。运动负荷过大会导致食欲减退,睡眠不充分,全身疲倦无力,肌肉酸痛难受,并伴有恶心、头昏之感。

(3)生理测定法

生理测定法是检查评定课的运动负荷较客观的方法。它包括脉搏、血压、呼吸频率、肺活量、吸氧量、体温变化、尿蛋白、血糖等的检查和评定。但这些方法比较复杂,在体育课中不易进行。因此,国内外通常用课中心率的变化情况来检查和评定课的运动负荷是否恰当,这叫脉搏测定法。

最适宜的心率是多少?体育课的合理心率应该控制在什么范围内?国内和国外都对此进行了广泛的研究和探讨,也提出了许多评定运动负荷的标准和方法。但是由于世界各国的情况不同,就我国来讲,各地区的情况也不一样,人与人之间也存在一些差别,因此,不可能有一个共同的绝对标准,应根据本地区、本高校学生的实际情况而定。

4.**调节运动负荷的方法**

第一,改变动作的速度、速率、强度等。

第二,改变练习密度。

第三,改变练习的条件(如改变活动范围、器械的重量和高度、附加的练习条件等)。

第四,改变练习的方法(如用循环练习法、增加竞赛因素等来增大运动负荷)。

第五,运用组织教法措施(如运用讲解、示范、组织学生观察、分析、提问、讨论等方法以减小运动负荷）。

五、教学秩序管理

(一)明确维持纪律与课堂管理的要求

体育课堂能否有序进行，与体育教师的管理密切相关。体育教师在平时的课堂教学中应建立良好的课堂组织纪律，建立一套明确、合理的课堂奖惩规范，对课堂上出现的各种现象及时处理，努力促进良好的课堂教学秩序的形成。

1. 建立和执行必要的体育课堂教学常规

为了使学生能较好地配合体育教师参与体育学习活动，在教学之初，体育教师就要向学生明确宣布行为要求。为了维持良好的课堂教学秩序，体育教师要防患于未然，尤其是刚刚开始上课的时候，一定要狠抓课堂常规的执行，待学生逐渐适应并形成习惯后，再使行为要求具有更多的灵活性。

2. 及时、妥善地处理课堂上的违纪行为

当学生在学习过程中出现违纪行为时，教师必须迅速做出反应并根据实际情况及时做出正确的处理。一般来讲，如果一个学生只是消极地完成学习任务，教师不必立即公开处理，可采用沉默、皱眉、走近等方法处理。如果一个学生的违纪行为具有故意性质且已明显干扰到整个教学过程，教师必须立即处理，并按情况采取提示、暗示、制止，甚至惩罚的方法。如果学生是为了吸引教师的注意而出现违纪行为，教师可以不予理睬并用语言暗示来处理。总之，在处理学生的违纪行为时，尽量不要中断教学的正常进行，尤其是不要频繁地中断教学来处理个别学生的违纪行为。这样可以有效地保证教学的时间和效率。

3. 正确运用奖励与惩罚的手段

为保证教学的顺利进行，在课堂上运用奖励与惩罚的手段是必要的。奖励积极性的行为是维持课堂纪律的有效方法之一。俗话说："罚其十，不如奖其一"。当学生的积极性行为得到奖励后，这种行为将得到巩固强化并起到良好的示范作用。体育课中的奖励方式通常是非物质性的，如口头赞扬、口头表扬"真不简单""大家看，××同学做得很好"，或一个满意的、赞许的目光和微笑等。同时为了维持课堂纪律，恰当而灵活的惩罚是必要的，是体育教师发现课堂上学生有违纪行为时采取的一种措施和方法。惩罚的目的是制止学生的违纪行为。因此,任何一名体育教师在进行惩罚时,都不应该带有偏激行为,更不应该进行人身攻击,要客观公正、严明有力,要使包括受处罚学生在内的班级所有学生都能心服口服。

(二)制订科学合理的评价体系

随着体育教学改革的不断深化,我国高校体育从教学思想到教学模式、从教学内容到教学组织形式都发生了深刻的变革。这个变革迫切需要建立和完善与之相适应的体育教学质量监控保障体系。然而,多年来我国高校体育教学质量评价的改革一直是个薄弱环节,在教学质量评价的实践中,还存在诸多矛盾和问题,导致无法通过教学质量评价最终达到教学质量持续优化的目标,严重制约了体育教学改革的整体成效。为此,随着体育教学改革的不断深入和发展,特别是"健康第一""终身体育"教育思想的提出,深入开展体育课教学质量评价问题的研究,对于推动体育教学改革、提高体育教学质量、加强体育教学管理具有重要理论与现实意义。对学生的评价越来越注重学生的过程评价,注重学生的努力和参与程度,淡化竞技成分。这样可以有效激发学生的学习积极性。

(三)善于运用情感感染的手段

体育教师要以亲切的态度去讲解知识,以优美的动作示范去感染学生,以关心、信任的态度去聆听学生的提问,以关心、热情的态度去帮助学生,以敏感、灵活的态度对待偶发事件,使学生在学习过程中感到亲切和温暖,得到鼓励、帮助。这样的课堂才能充满欢快、和谐的气氛,才能实现师生之间的情感认同和沟通,达到师生情感共鸣,使体育教学有效进行。

(四)善于运用动作启示的手段

在体育教学中,体育教师的手势、表情及走动等动作能有效传递管理信息,是课堂上师生能相互感知到的意识信号。体育教师的一个手势、一个动作示范、一个保护动作,都会产生维持课堂秩序的无声效果。这是其他学科教学所无法比拟的,可以说是体育教学独有的特点。

学生分散练习时,体育教师好的站姿,与学生的合适的空间距离和巡视等体态活动,也具有吸引学生注意力、促进组织教学的作用。在课堂中,体育教师可通过调整与学生之间的距离更好地组织教学。如有时教师可站在场地中间;有时可走到分组练习的学生中去;有时发现个别学生违反纪律,可在讲解的同时似乎是无意、其实是有意走到他面前,轻轻地拍一下他的肩,然后用目光和表情告诉他不能这样做。这些均可得到良好的效果。

体育课堂管理是一门艺术,每位体育教师都要在教学实践中努力去驾驭体育课堂,既要严格管理课堂秩序,又不能过于死板苛刻,要灵活处理课堂上出现的各种挑战,有的放矢地面对各种情况。可以说,高度的组织纪律性是组织教学的前提,而欢快的气氛则是更好地完成教学任务的重要因素。教师在教学管理中的主要任务,就是积极地处理教学过程中的各种矛盾,对教学活动实行有效的控制,充分调动学生学习的积极性和自觉性。

六、教学信息管理

在体育教学中有许多的信息,对教学信息的科学管理也是提高教学质量的重要保障。

1. 在不同的教学目标下的不同课型中,讲解和练习的比例不同

第一,在新授课中,教学任务以学习新技术为主,教学的组织应以讲解和示范为主。讲解可分为引导性讲解、叙述性讲解、说明性讲解等。在新授课中的学习与练习都要精确,练习的量要服从学习的需要,不是越多越好。练习种类主要有尝试性(体验性)练习、模仿性练习、对比性练习等。

第二,在复习课中,教学任务以熟悉技能为主,教学的组织应以练习和身体素质锻炼为主。在复习课中的讲解应具有针对性,讲解量不能太大。

第三,在探究课中,教学任务是发现和探究问题、明白道理,因此围绕发现问题的引导性讲解是很重要的。教师与学生之间的问答应是丰富的,练习则是尝试性的、验证性的、体验性的,练习量不能太大。

第四,在活动和锻炼课中,教学任务是身体的发展,讲解只是提醒性和指导性的,而练习的量是重要的因素,要有较大的练习量。

2. 在不同任务的不同课堂教学阶段中,讲解和练习的比例不同

第一,在课的开始部分,教师主要采用简明扼要的讲解方式向学生说明本次课的任务,并根据本次课的教学目标安排准备活动。此阶段教师的讲解相对较少,而准备活动则需要有必要的练习量。

第二,在课的基本部分的前半部分一般是技术学习。此阶段的讲解比较重要,而练习则是模仿性的、尝试性的,练习量不是很大,在课的基本部分的后半部分一般是技术的熟练。此阶段的练习比较重要,而讲解则是针对性的,讲解量不是很大。

第三,在课的结束部分,教学任务是使学生身心得到放松和进行总结。在身心放松阶段以放松性身体活动为主,在总结阶段则以教师的讲评为主。

3.在学习不同的教学内容时,讲解和练习的比例不同

有的体育教学内容技术性不强,但活动性强,如长跑;有的体育教学内容活动性不强,但技术性强,如体操和武术,因此在讲授不同的教学内容时要根据教学内容的特点,很好地处理讲解和练习的关系,调整二者比例。

第五章
高校高水平运动队管理

第一节　高校高水平运动队管理概述

　　运动训练是指运动员为了取得专项运动最高成绩所做准备的全过程。这个过程除包括运动员的身体、技术、心理、恢复训练和道德、意志品质的专项培养之外，还包括运动员文化知识的学习、生活作息制度以及营养、卫生医务监督等。

　　高校高水平运动队管理旨在遵循运动训练的客观规律，紧密围绕运动训练的过程，不断改进运动训练的组织方法和工作方法，为提高运动训练水平服务。管理水平的高低决定着运动竞赛成绩的好坏，因此，运动队管理是提高运动员运动技术水平和运动成绩的关键，是实现体育目标及培养高水平体育人才的主要途径。

一、高校高水平运动队管理系统的构成

　　高校高水平运动队管理系统主要由人、财、物、时间、信息组成。

　　1.人

　　管理学原理认为，人是管理的核心要素。抓住了核心要素，很多问题就会迎刃而解。运动队管理效果最终要体现在优秀运动成绩这一目标的取得上，而优秀的运动成绩又来自高水平、高素质的优秀运动队。一支优秀的运动队离不开教练员、运动员、心理医生、保健医生、科研人员、行政管理人员、训练设备管理人员、文化教师等，其中较重要的是教练员、运动员和科研人员。

　　2.财

　　运动训练的正常开展，离不开运动训练经费的保障。对运动训练的经费进行合理预算、合理开支并采用积极的手段进行融资和筹措资金，是运动队管理的一个基本组成部分。尤其随着现代高科技与训练的结合日趋紧密，对运动训练的合

理投资是支撑运动训练管理走向科学化的重要条件。

3. 物

运动队管理中的物,主要表现在运动训练的设备上,如运动场馆、运动器材等,也包括一些科研仪器和装备。现代运动训练的一个重要特征表现在运动训练装备的科学化与现代化上。这些科学化的设施需要投入大量的资金,如果不能合理充分地使用,必然造成巨大的浪费。

4. 时间

运动队管理的时间往往是同效率联系在一起的。现代运动训练的发展与提高较快,比赛的周期越来越短,而对成绩的要求越来越高。要保证运动队管理出水平、出效益,时间的管理是一个很重要的因素。

5. 信息

科学技术的高速发展,要求运动训练能时刻把握最前沿的发展动态,而这主要取决于对信息的接收与分析。掌握第一手信息,是运动训练现代化的发展要求,是运动训练紧跟世界先进水平的推进器,运动队管理与信息掌握息息相关。

运动队管理除了人、财、物、时间、信息等要素之外,还包括相应的运动训练的目标、任务、政策、制度和组织结构等。

二、高校高水平运动队管理的核心

评价管理水平的高低,最主要的是看人的潜力在多大程度上得以发挥。运动队管理中的核心因素是教练员与运动员,任何管理制度与措施只有围绕教练员与运动员来制订和实施,并通过教练员与运动员创造与表现,运动队管理效果才能体现,才能最终实现运动队管理的目标。

三、高校高水平运动队管理的职能

对运动队进行管理就是要达到促进运动训练活动顺利进行、挖掘运动员的潜能、帮助运动员创造最佳专项运动成绩、提高训练效果、培养全面发展的体育人才的目的。因此,运动队管理的职能主要体现在 2 个方面:一是按照教育、训练、教学和科研工作的客观规律,合理地组织运动队的教育、训练、教学和科研等工作;二是协调好全队人员之间的关系,调动所属人员特别是教练员、运动员的积极性。

这 2 个方面是相辅相成的,是通过计划、组织、控制、协调、激励和创新等几个具体职能来实现的。

第二节　高校高水平运动队管理的内容

一、运动训练过程的管理

运动训练过程的管理实质上是对运动训练过程的各项训练工作的管理。它是运动队管理的 1 个重要内容。

(一)运动训练目标的管理

运动训练目标是运动训练活动的起点与归宿,因此,合理制订运动训练目标在运动队管理中具有举足轻重的作用。运动训练目标是否正确和科学,关键取决于运动训练管理者的决策能力,取决于他们的决策科学化和民主化水平。运动训练目标的制订依据是未来主要竞赛的名次和成绩。这样的目标会受到竞争对手的"干扰"和"破坏",同时还会受到社会、政治、经济、文化等诸多因素的影响。如此众多的干扰,无疑会给运动训练目标的制订与实现造成极大的困难。因此,在制订运动训练目标时,要留有适当的余地,防止目标定得过高或过低,应在充分论证的基础上对训练目标进行科学的优化。在制订运动训练目标之后,还应通过细致、全面的目标分析,对目标状态、目标构成因素及它们之间的相互联系进行详尽而具体的描述,以建立内部协调统一、层次清楚的运动训练目标体系。

(二)运动员选材的管理

在运动员选材工作中,管理的主要任务并不是去进行具体的测试与调查,而是对管理和监督、审查等工作进行组织。这些工作应紧紧围绕选材的专业技术要求,发挥对选材技术性工作的服务和保障作用。在选材管理中,主要应做好以下几项工作。

1.组织专家研究确定运动员选材目标

运动员选材,实质上是选出那些在现有训练条件和训练能力下,经过训练可以在规定时间实现运动训练目标的运动员的活动,其中就有一个选择什么样的运动员才能达到这种目的的问题。这就需要确定运动员选材目标。管理者应根据这种要求,组织有关专家研究确定运动员选材目标并对其进行科学论证,使运动员选材目标能够满足上述要求,确保运动员选材目标的科学性和准确性。

根据运动员选材目标,管理者还要组织有关人员筛选运动员选材的测试指标、调查内容以及测试、调查的方法手段,进而研制出运动员选材模型并对运动员选材模型进行科学论证。

2.对相关人员进行培训

为了保证运动员选材工作的客观性、有效性和可靠性,在实施选材测试、调查工作前,管理者应组织专业人员对测试、调查人员进行培训,使这些人员能够按照统一的方法与程序进行测试和调查。

此外,管理者还应制订严格的运动员选材工作日程,提前准备好测试仪器和调查量表、测试场地和器材,组织好测试调查对象和测试、调查人员。

3.组织实施运动员选材的测试工作

在完成上述准备工作的基础上,管理者可以按照运动员选材工作日程,组织实施运动员选材的测试、调查工作。在实施过程中,管理者应对测试、调查人员进行科学的分组、分工,使整个选材测试工作系统有序地进行。

4.审核确定运动员选材结果

测试、调查工作结束后,管理者应及时组织有关人员将结果输入计算机进行数据模型化处理,组织教练员对初选结果进行综合评价和分析,并提出拟入选运动员名单。管理者对入选运动员进行审核后,应将经批准的运动员选材结果予以公布,并组织办理入选运动员的相关入学手续。

(三)运动训练计划的管理

教练员应在对入选运动员进行科学诊断的基础上,制订出运动训练对策,而后依据运动训练对策进入制订运动训练计划阶段。这个阶段管理工作的任务,就是审查教练员所提出的运动训练计划。审查运动训练计划主要从以下几个方面进行。

1.审查运动员诊断工作的科学性

这主要是审查教练员对运动员诊断的客观性、有效性和可靠性。同时,还应对诊断结果是否科学、准确进行审查。

2.审查运动训练对策的科学性

这可以从必要性、可行性、有效性等方面进行审查,关键是审查运动训练对策能否有效地使运动员(队)由初始状态向目标状态发展,进而对不必要的对策予以剔除,对不可行对策进行调整或修改,最终确保运动训练目标的实现。

3.审批运动训练计划

对运动训练计划的审查主要应从其明确性、可行性方面考虑。首先,应审核计划的目标是否明确、有无明确安排的检查评定时间和标准;其次,应审查运动训练计划是否具有可操作性;最后,应审查整个运动训练计划的系统性,看其内部是否协调统一。如果运动训练计划基本达到了这些要求,那么管理者就可以批准将这一运动训练计划付诸实施。

(四)运动训练计划实施的管理

管理者对运动训练计划实施过程的监督应采取间接管理的方法,而不应直接干预教练员的训练工作。这种间接监督就是检查运动训练计划的横向目标、纵向目标是否完成。当出现未按计划目标完成的训练任务时,应向教练员了解原因,帮助教练员提出改进意见。

(五)运动训练实施保障的管理

在运动训练过程中,管理者的一项重要任务就是为运动训练提供必要的政策和物质保证,如奖励政策、后勤供应等。这些都是管理者应为运动训练提供的基本条件。

(六)运动训练过程中突发事件的管理

在运动训练过程中,不可避免地会出现各种各样的突发事件,管理者应及时予以处理。为此,首先应了解突发事件的真实情况,其次应分析出现突发事件的原因,最后应提出处理突发事件的办法。处理突发事件的关键是及时,如果处理不及时,必然影响运动训练。另外,应处理得当,防止出现失误。

二、运动训练科研的管理

在现代社会,科学技术已全方位地扩展到人类活动的各个方面,与现代人的生活和命运息息相关。它渗透人类生活的各个层面,也渗透文化的各个层面,体育作为一种文化现象,当然也不例外。有学者以"金牌背后是科技大战"来描述科学技术在竞技体育中的作用。

在体育界,人们普遍认为科学技术是一把"双刃剑"。一方面,人体运动的潜能可以通过科学技术表达出来;另一方面,科学技术也会给竞技体育带来一些负面影响,如兴奋剂等问题。关于科学技术对竞技体育的影响,人们一直争论不休。乐观主义者认为,科学技术发展是竞技体育可持续发展的重要前提条件之一,将来竞技体育展现的是人类对身体极限的不断超越,带给人们的是征服和超越的享受;而悲观主义者却认为,科学技术将把竞技体育推向陨落的边缘,若干年以后,以"人"为载体的竞技体育展现的将是"人物化"的较量,人类原本的自我超越不复存在,那么体育文化的核心层面——人文精神,将被严重扭曲,科学技术的负面影响不堪设想。这种忧心忡忡的话绝不是危言耸听。例如,当前在竞技体育中泛滥的兴奋剂问题侵蚀了奥林匹克公平竞争的精神。一方面,新的科学技术使兴奋剂的使用越来越隐蔽;另一方面,国际奥委会在禁用兴奋剂方面的态度十分坚决,投入了大量的人力和物力进行研究和检测。因此,奥林匹克反兴奋剂的斗争形势严峻。面对现代科学技术进入竞技体育领域而带来的新问题,应该客观地评价其价值。

在高校高水平运动训练的科学研究中,管理在教练员与科技人员之间起着中介和桥梁作用。这一作用发挥得如何,直接关系到运动训练与科学技术有机结合的实效。具体而言,运动训练科研管理的任务主要包括以下 4 个方面。

1. 提高运动训练的科学技术意识

提高教练员和运动员的科学技术意识是运动训练科研管理的一项重要任务。教练员和运动员只有树立起强烈的科技意识,才能有效地增强依靠科学技术促进运动技术水平提高的自觉性和主动性。为此,除了采取多种途径切实提高教练员和运动员的文化水平和科学技术素质外,还应积极地向教练员和运动员宣传"科学技术是第一生产力"的思想,宣传科学技术对提高运动训练效益的作用。

2. 加强科研规划和制度管理

(1)加强领导,理顺训练科研管理体制

在体育管理部门的领导下,运动队应建立主教练负责的训练、科研一体化,要通过具体的条文明确教练员和科研人员的责、权、利,使双方都对训练和比赛承担明确的任务,形成目标一致的统一整体。

(2)制订切实可行的运动训练科研发展规划

为了确保训练、科研工作全面、系统、协调地发展,既突出重点,又照顾一般,高校应在科研体制、研究目标、课题布局、人才培养、技术引进和训练科研的社会化等方面,制订长远发展规划、以学生比赛为周期的具体规划和年度重点研究课题计划等。

3.提高教练员依靠科学技术的能力

为了从根本上解决运动训练依靠科学技术以及两者有机结合的问题,管理者还必须提高教练员依靠科学技术的能力。为此,一方面,应使教练员了解科学技术、科学研究的意义,即科学技术可以解决运动训练中的何种问题;另一方面,管理者还应使教练员具备发现和提出运动训练中亟待研究解决的问题的能力。教练员具备了这种能力,就可以向科研人员提出研究课题,吸引科研人员进行课题研究。这样才能使运动训练与科学研究更紧密地结合起来。

4.为科研人员提供必要的科研保障

管理者在对科技服务、科技攻关项目或科研课题组织专家论证的基础上,应为科研人员提供必要的、足够的科研经费和条件,以保证运动训练科研工作顺利进行。为了充分调动科研人员的积极性,管理者还应制定优惠政策和奖励政策,以此来吸引和激励科研人员为运动训练服务。优惠和奖励的标准应着重看运动成绩。这样既可以使科研人员与教练员具有共同目标,用共同的目标(利益)将两者聚合在一起,又可以使科研人员更加紧密地结合运动训练的实际进行科学研究,保证研究成果的应用价值。

三、运动员思想教育的管理

对运动员进行思想教育是运动队管理中一项经常性的重要工作。运动训练的各级管理者对运动员都负有思想教育的责任。

(一)运动员思想教育的基本要求

思想教育是一项具有多种要求的管理工作。对运动员进行思想教育,除应贯彻思想教育的普遍要求之外,还应特别注意一些特殊要求。

(1)深入了解运动员的思想特点,提高思想教育的针对性和实效性

不仅要根据运动队的特殊环境,充分把握运动员思想的一般特点,而且应根据运动训练的进程,掌握运动员在训练全过程的不同阶段所表现出来的不同思想特点,探索运动员思想变化的规律,以便进行有针对性的教育,提高思想教育的实效性。

(2)帮助运动员树立正确的人生观和世界观

这是对运动员进行思想教育的根本出发点。正确的人生观、世界观是人们接受外界刺激、做出正确反应的根据。它既不是生来就有的,也不是能简单地就被

运动员接受的。因此,管理者在运动员产生思想问题时,不应简单地就事论事,头痛医头、脚痛医脚,而应在帮助运动员树立正确的人生观和世界观上下功夫,通过思想教育的途径加强对运动员的正确人生观和世界观的树立是一种必要的手段。

(3)运用有效的精神激励手段,充分发挥运动员的积极性和创造性

激励在管理中具有特殊的意义,包括多种手段。在运动员的思想教育中,应特别注意对运动员进行精神激励,充分激发他们的精神需求。将远大的目标、集体的共同目标与共同利益告诉运动员,有利于发掘运动员的内在潜力。

(4)坚持教育与运动训练相结合

对运动员进行思想教育,除了要紧密结合运动训练的各项业务工作之外,还要在社会经济不断发展、物质生活极大丰富的新形势下,注意根据运动训练的特点,引导运动员正确处理物质利益与精神利益、自由与纪律、长远目标与眼前利益等的关系,使运动员正确地对待荣誉、对待金钱、对待集体、对待自己,使运动员具有崇高的精神境界。

(二)运动队思想教育的主要方式

1.培养良好的运动队文化

运动队是运动员们朝夕相处的地方,集体氛围和运动队文化对运动员的成长、成才起到至关重要的作用。因此,必须想方设法培养和建立良好的队风,使每名运动员都能深深感受到这种良好风气,从而自觉服从集体的意志。一支有着良好风气和运动队文化的队伍,将起到一种无形的思想教育作用。

2.将思想教育贯穿训练全过程

这是将思想教育落到实处的关键。应该抓住运动员在训练中所表现出来的各种思想征兆,结合训练实际,进行及时的教育。这样既生动形象又能服人服众,达到理想的教育效果。此外,教练员在训练中的良好表率,也能使运动员受到无声的教育。

3.疏导与反馈相结合

疏导与反馈相结合是思想教育的重要方式。在对运动员进行疏导的过程中,应善于利用社会心理因素,经常让运动员相互了解、了解教练员、了解裁判员乃至了解观众对自己行为的评价。实际上这也是一种启发自觉、潜移默化的有效教育方式。

4.在思想教育中配合严格的制度管理

运动队的管理是一种准军事化的管理,没有严明的纪律、严密的制度、严格的

要求,是培养不出高水平运动员的,也创造不了优异的运动成绩。因此,在加强运动员思想教育的同时,配合严格的制度管理和纪律要求,如训练考勤制度、民主生活制度等,也是一种极其重要的教育方式。

四、运动员文化学习的管理

运动员文化学习的管理是运动队管理的内容之一。加强运动员的文化学习是促进运动员全面发展的一个重要方面,也是训练科学化的客观要求,同时也是运动员智力训练的一项重要内容。高水平运动员的文化学习情况关系到他们毕业后能否胜任本职工作和今后人生的发展,是高水平运动队管理非常重要的一个环节,一定要有计划地实施。

从学习的角度讲,运动员文化学习的管理包括如下 2 种模式。

(一)集中学习

集中学习的优点是有利于管理,便于教师集中辅导,节约教师资源;缺点是不利于个人爱好的发挥。

(二)自主选择专业

自主选择专业的优点是照顾个人的兴趣爱好,有利于个性的发挥;缺点是不利于教师集中辅导,师资投入相对多。

无论采用哪种学习模式,管理者一定要督促运动员按时上下课、完成课外作业、跟上学习进度。在训练竞赛时间紧、影响学习的情况下,高校要合理安排时间,安排教师给他们补课,如耽误了正常考试,高校应在比赛之后安排他们补考。

五、运动员生活的管理

运动员生活的管理与训练水平有着直接关系。它的范围很广,需要各方面管理人员的密切配合,共同完成。

(一)建立健全严格的生活制度

对运动队的作息时间、就餐就寝、内务卫生、请假审批、业余生活等都要做出具体、明确的规定。此外,还须订立文明公约、卫生条约等辅助措施。这样有利于对运动员进行严格管理,为正常训练提供保障。为了保证这些制度的实施,还应进行监督检查,如安排教练员轮流值班就是一种较好的措施。

(二)运动员训练后的恢复与营养安排

恢复是运动训练的有机组成部分。由于恢复大多是在训练课以外的时间进行的,因此它是生活管理中一项十分重要的内容。严格遵守生活制度是疲劳后快速恢复的重要前提。在此基础上还需要采取一些专门的措施与手段来促进运动员的恢复,如设立药物浴、蒸汽浴和按摩室等。

营养是影响运动员运动能力的一个基本因素。运动队生活管理也应充分考虑运动员的营养安排。由于不同项目、不同年龄、不同性别、不同等级的运动员对营养有不同的要求,因此营养师应根据每个运动员的情况制订相应的食谱。同时要分别给每个运动员签发营养卡片,要求运动员详细填写进食量、饮水量等,以便随时检查运动员的营养摄入情况,并根据运动员的营养需要和食欲调整食谱。

六、运动员参赛的管理

运动竞赛是检验训练水平的主要形式。由于竞技体育竞争激烈,比赛气氛紧张,在很大程度上是运动员在向自身极限挑战,因而运动员生理、心理较之日常训练有很大的变化。这就使得运动员参赛时的管理也需要相应地在各个方面进行一些有别于日常训练的特殊调整,以适应运动竞赛的特殊条件和要求。

在参赛时,在思想教育方面,要特别考虑运动员的心理负担,采用多鼓励表扬、少批评或不批评的方式。特别是在临场指导方面,教练员更应倍加注意自己的一举一动,乃至脸色、口气,万不可急躁发火,尤其在运动员偶然失误时。运动员都有争取胜利、为国争光的信念,在赛场上偶然失误,内心会十分自责和焦虑,从而使心理压力急骤增大。倘若在这时得不到教练员和队友的谅解,反遭批评或责难,运动员往往会产生抵触情绪,从而得不到理想的竞赛成绩。

参赛时的业务管理主要可分为临场和场下2个方面。临场的业务管理效果取决于教练员的指导水平。而场下的业务管理主要指对比赛的准备,包括科学地安排赛间训练、合理地调节运动负荷、适时地组织准备会、周密地安排竞赛方案等。

参赛时,运动员的生活管理也很重要,总的来说应比平时训练更为严格,要特别注意加强纪律要求。严格的生活管理能够帮助运动员保持良好的竞技状态,全力以赴地争取比赛的胜利,创造优异成绩。在这方面还需要配合安排一些必要的心理训练,帮助运动员稳定情绪,使其在比赛中正常地发挥出应有水平。此外,在饮食、医务监督、业余活动、疲劳恢复、洗浴等方面,都要注意科学安排,以适应比赛的需要。

第三节　高校高水平运动队管理者

一、高校高水平运动队管理者应具有的技能

管理者是指在组织中从事管理活动的全体人员,即在组织中担负计划、组织、领导、控制和协调等工作,以期实现组织目标的人。管理者应该具备的管理技能包括专业技能、人际技能和观念技能 3 个方面。

(一)专业技能

专业技能是指使用某一专业领域内有关的工作程序、技术和知识去完成组织专业任务的能力。

(二)人际技能

人际技能是指与处理人事关系有关的技能,即理解、激励他人并与他人共事的能力。人际技能对于不同层次的管理者来说都是非常重要的,各层次的管理者都必须与相关人员进行有效沟通,相互合作。这样才能共同完成组织的目标。

(三)观念技能

观念技能是指综观全局、认清为什么要做某事的能力,也就是洞察组织与环境相互影响之复杂性的能力。具体地说,观念技能包括理解事物的相互关系从而找出关键影响因素的能力、确定和协调各方面关系的能力以及权衡不同方案优劣和内在风险的能力等。

对于不同层次的管理者而言,以上 3 种技能的重要性是不同的。一般来说,对于高层管理者来说,最重要的是观念技能;对于基层管理者来说,最重要的是专业技能。人际技能对于各个层次的管理者来说都很重要。

二、教练员在高校高水平运动队管理中的作用

运动训练的管理工作是在训练管理人员、科研人员、医务人员、营养保健人员、心理专家等各类专业人员的协调努力下,由教练员具体组织实施的。教练员是运动训练的主要组织者与指导者,教练员水平的高低是影响一个运动队或一个项目运动技术水平高低的重要因素。

运动训练过程中,运动员成绩的高低在很大程度上取决于教练员的带队能力,教练员对运动成绩有着非常重要的影响。因此,必须选择合适的教练员来担任运动训练的管理工作,同时必须重视教练员的培养工作。

(一)教练员的职责与素质

1.教练员的职责

在运动训练管理中,教练员的基本职责是:以训练为中心,全面关心运动员的成长,对运动员的成长施以全面的影响。这具体表现在以下几个方面。

第一,以综合性运动会(大运会、省运会、省大学生运动会)和其他重大比赛为主要目标,制订并实施多年、年度、阶段训练计划及训练课时计划。

第二,确保每次训练课的质量与效果。教练员应使运动员懂得专项运动技术的基本原理,培养运动员训练的自觉性和主动性,科学化训练,使运动员准确地掌握运动技术动作,形成正确的动力定型,提高战术意识并能在比赛中灵活运用和发挥。

第三,努力做好赛前的准备工作、临场比赛的指挥工作以及赛后的总结工作。

第四,努力钻研业务,及时掌握和了解本项目技术、战术发展的趋势与动态,运用多学科知识指导训练,不断提高科学训练水平。

第五,做好运动员的思想教育、文化学习、生活管理等方面的工作,善于调动运动员的训练积极性,充分发挥运动员的智慧,培养运动员遵守各项规章制度的自觉性,树立良好的风气和运动队文化。

第六,主动配合队医做好运动员的医务监督和伤病防治工作。

第七,选拔和调整运动员,保证运动队实现训练目标、胜任重大的比赛任务并保持运动员人才梯队的衔接。

第八,及时向主管部门报送训练、比赛的计划和总结。

2.教练员的素质

作为一种专门人才和特殊的社会职业,教练员必须具备与其所承担的训练指导任务相适应的思想品质、业务素质和工作能力。

(1)强烈的事业心和高度的责任感

强烈的事业心和高度的责任感是事业成功不可缺少的思想基础。综观我国优秀教练员的成才之路,"成功"这个词总是与强烈的事业心、高度的责任感形影不离的。教练员必须要具备坚定的信念、吃苦耐劳的精神和诲人不倦的教育者风范。

(2)强烈的管理欲望

强烈的管理欲望是教练员有效开展管理工作的前提。教练员可以利用组织赋予的权力来管理和协调运动员的训练与比赛,通过管理运动员的训练与比赛来实现自己制订的、符合组织发展的目标,并从中获得心理上的满足感。没有管理能力和管理欲望的人,不会有效地使用组织赋予他的权力,难以取得好的管理效果。

(3)正直的品质

正直的品质是每个人都应具有的基本品质,对教练员尤为重要。运动训练过程中,对教练员权力的使用往往难以进行严密、细致、及时、有效的监督,因此,权力能否正确运用在很大程度上取决于教练员的良知水平。教练员不仅是一名管理者,更是一名教育者,教练员必须是道德高尚的、值得运动员信赖的,必须具有正直的品质。一名正直的教练员,敢于提出自己的观点,指出上级的错误;在向上级汇报工作时,不虚报成绩,不隐瞒缺点;对每一名运动员一视同仁,不拉帮派,不分亲疏;在评价运动员的学习、训练、比赛和生活时,有一套客观公正的标准,而不是根据个人喜恶。如果教练员缺乏这种品质,就可能导致运动队人心涣散。当然,只有正直的品质而无工作能力,也不能成为合格的教练员。然而,有能力而不正直的教练员,则有可能给运动训练造成巨大的损失。

(4)创新精神管理的任务

教练员不仅要执行上级的命令、维持系统的运转,而且要在组织系统或部门的工作中不断创新。只有不断创新,组织才能充满生机,才能不断发展。作为一名教练员,在运动训练的过程中,除了执行上级下达的训练和比赛任务,还要不断创新训练的组织过程,更重要的是运动训练方法的创新、动作的创新、编排的创新等。如果教练员没有创新精神,不主动去掌握先进的训练理论与方法,终将会被教练员的岗位淘汰。

（5）合理的知识结构

不同时期、不同的训练发展水平对教练员知识结构的要求不同。20世纪80年代以前，由于科技发展的制约，运动训练水平普遍低下，教练员知识结构中的经验含量较多，而科技含量明显不足。建立在运动训练发展初期的以经验为主的知识结构，显然不能满足当今运动训练发展的要求。教练员的基本任务是指导运动训练，而运动训练主要是一种对运动员进行生物改造和生物适应的过程，因此，运动训练学和体育生物学科知识是教练员知识结构的核心和主体——运动训练的对象是人，而人兼有生物属性和社会属性2个方面的特点，因此，马克思主义哲学、教育学、体育社会学等社会科学知识在教练员的知识结构中也应占有十分重要的地位。

（二）教练员的人际关系

1. 教练员与领导的关系

教练员与领导的关系，是一种上下级关系。这种人际关系的好坏，是运动员训练成功与否的一个十分重要的影响因素。为了实现运动队所期望达到的目标，教练员在工作过程中，应努力以自己的实际行动赢得领导的信任、支持和尊重。一般来说，教练员在与领导相处和交往中应力求做到如下几点。

第一，不卑不亢，切忌刻意奉承或有意疏远。

第二，主动增加与领导的交往频率，加强彼此的了解，特别是尽力让领导了解自己的训练情况，同时也应尊重和理解领导，领会其意图，体谅其难处。

第三，自觉接受和服从正确的领导，但也要敢于和善于给领导提意见和建议。对不同类型的领导，要采取不同的方式表达自己的观点，真正做到坦诚相待，不存杂念。

第四，要努力、勤奋工作，做出实际业绩。只有事业上做出成就，才能博得领导的信任与支持。

2. 教练员与领队的关系

教练员与领队都是运动训练第一线的管理者，他们的关系协调、配合默契，直接关系到运动队训练管理工作的成功。在彼此交往的过程中，他们之间往往存在着被动合作、各自为政或相互依赖等若干心理状态，从而产生各种各样的矛盾。这在运动队管理中是客观存在的。例如，表现在领队方面，当领队与教练员对某事、某人的看法不一致，而领队又不能从工作实际出发，不能主动从感情上沟通、互相交换意见、加深彼此的了解,而认为自己是全队思想、业务的"首席领导",要求一切都以自己为中心,一开始就显示出"我的意见是正确的"时,往往会给教练员造成情绪上的压力和反感。反之,表现在教练员方面,如果教练员独断专行,比较注重个人权威、权力与职责,处事主观专断,不与领队商量,当领队体谅教练员的苦衷,主动提供某种帮助,或提醒教练员注意工作方法时,教练员又认为领队对他不信任、怀疑他的能力、损害他的威信,甚至产生其他想法,从而在心理上表现出与领队不相容,其结果必然伤害领队的感情,以致关系恶化。

因此,妥善处理好教练员与领队的关系,要求双方都必须从大局出发,设身处地地站在对方的立场上思考、分析问题。这样双方才能关系协调,产生合力,共同搞好训练管理工作,完成训练任务。

3.主教练与助理教练的关系

在工作中,主教练与助理教练是同事关系,他们的工作都是为了选拔和培养更多、更好的优秀运动员,提高运动技术水平,争取重大比赛的荣誉。目标的一致性,使两者形成了一种特殊的相互支持、相互配合、相互依存的关系。而职务分工的特殊性,又使彼此在工作上必须有限地交往和有限地合作。如果主教练或助理教练不能正确看待自己和别人,就容易影响彼此之间正常人际关系的建立,有时还会影响到整个队伍的稳定,阻碍运动训练工作的顺利进展。

在相处和交往过程中,主教练和助理教练均有不同的心理状态和矛盾,与此同时,为了实现一个共同的目标,也存在一些共同的交往心理。主教练和助理教练在处理相互间的关系时,通常应考虑和处理好这样几个因素:教练班子要优化组合、互相关心和谅解、愿意同舟共济、服从而不盲从。

4.教练员与运动员的关系

教练员与运动员的关系,恰似高校中的师生关系。这种关系构成了运动训练人际关系的主体,其融洽与否,对运动队的训练质量及其管理效果影响极大。在他们的交往中,教练员的行为潜移默化地影响着运动员,其教育效应不仅仅体现在训练课上,而且贯穿于日常生活中。国内外大量的事实证明,凡是能取得优异成绩的运动队和运动员,其教练员必定是那些人际关系协调,备受运动员尊敬、信赖和爱戴的人。

从某种意义上说,在其他因素基本相同的情况下,教练员和运动员的人际关系,成为影响运动成绩的首要因素。因此,为了顺利地开展工作,教练员应在思想上根除"唯我独尊"的意识,主动在心理上与运动员贴近,对运动员既严格要求又关心爱护,言传身教,为人师表。这将会给运动队的训练和管理工作带来许多意想不到的收获。

5.教练员与科研人员的关系

竞技体育发展的趋势,迫切要求不断增加运动训练的科技含量,为此,运动训练过程必须得到科研人员的支持,而教练员和科研人员协同作战,彼此自然会形成运动训练领域一种新的人际关系。这个问题解决失当,将会直接影响到科研训练一体化的进程,也会对运动训练管理产生一定的制约作用,影响运动训练水平的提高。因此,教练员应在思想上引起高度重视,注意在训练过程和日常生活中妥善处理好同科研人员的关系。归纳起来,要注意以下几点。

第一,转变训练观念,增强科学意识。这是教练员处理好与科研人员关系的前提条件。

第二,理顺关系,尊重科研人员的劳动。这是教练员和科研人员和谐相处的基础,特别是当科研人员也作为教练组成员时,这一点更为重要。

第三,团结协作,互勉共进。这是教练员和科研人员彼此配合、使科研与训练有机结合的基本保证。

6.教练员与队医的关系

队医是伴随着体育事业的发展,特别是竞技体育事业的发展而逐渐形成的一支专业性很强的医疗队伍。队医有时是联系教练员和运动员的纽带,因为队医最了解运动员的身体状况和心理状态。在给运动员进行疲劳恢复和伤病治疗的过程中,队医还可以对运动员进行思想教育工作。因此,教练员应在日常训练过程中处理好与队医的关系。

第一,尊重队医的工作,给队医创造良好的工作条件和提供工作便利。对伤病运动员的训练和比赛,一定要征求队医或诊断医生的意见,要持科学的态度,绝不能只顾眼前利益而不顾后果,让不应参加比赛的伤病运动员参加比赛。

第二,在制订训练计划和比赛计划之前与队医进行沟通。这样有利于在训练和比赛中合理安排训练负荷和运动强度,也能让教练员更清楚地了解每个运动员的身体状况,较好地贯彻训练或比赛计划。

第三,通过队医了解运动员的思想和心理状态。队医在给运动员做治疗的过程中,能了解到教练员了解不到的很多信息。这些信息往往反映出运动员的思想、心理状态和运动队的人际关系情况。这些信息对教练员协调和处理好各种关系、有针对性地做好运动员的思想教育工作非常有帮助,能有效提高教练员的带队水平。

第六章
大学生体育社团管理

体育社团作为课余体育的重要组织形式，一直都是高校校园文化生活中的亮丽风景。随着阳光体育运动的不断深入发展和高校课余体育组织形式的变化，大学生体育社团将以自身独特的魅力和广泛的群众基础显示出勃勃生机，在为大学生了解体育项目、参加体育训练和相互了解搭建平台，丰富校园文化生活，提高大学生综合体育素养，引导大学生适应社会，培养合格的人才等方面发挥重要的教育作用。

第一节　大学生体育社团概述

一、大学生体育社团的发展现状

20世纪80年代以来，我国大学生社团随着改革开放的大潮一起迅速成长壮大。近年来，随着改革开放的深入发展和高等教育改革的力度加大，大学生发展的自主性和差异性越来越受到重视，实践能力培养要求的提升使得高校对大学生课外综合素质的培养逐渐被纳入日程。大学生社团无论数量还是质量均进入蓬勃发展的黄金时期，给高校校园文化等方面增添了无限生机与活力。大学生社团已经成为当代高校校园文化建设的重要载体，是大学生自我教育、自我管理、自我服务的主要依托，是当今高校重要的课外教育资源之一。

大学生体育社团作为高校课外体育活动的主要载体，自始至终与校园社团发展及其文化繁荣有着密切的关系。体育活动本身以及通过体育活动所折射出来的公平、友爱、竞争等精神是营造校园整体文化氛围的根本所在。体育活动所要达到的"身体健康、心情愉快"的目标是促进大学生精神风貌积极向上的重要因素。大学生体育社团本身具有的体育功能，使之具有了专业化和社会化的职能：

一方面,大学生体育社团需要把本社团的主体运动项目提高到一定的技术水平,能够代表高校在这些项目上的实力;另一方面,大学生体育社团需要使体育活动尽可能地被广大学生所认同、接受,能够扩大其影响力,充分发挥大学生体育社团既能强身健体、又能够使德育及智育等相关功能得以释放的效用,凸现体育文化的特殊性和实现体育与德育、智育的最优化结合。当前,我国大学生体育社团以其"自主、灵活、丰富、面广"等特点日益受到越来越多大学生的追捧。

教育部、国家体育总局、共青团中央共同开展了"全国亿万学生阳光体育运动",倡导学生走向操场、走进大自然、走到阳光下,目的在于增强学生体质,增进学生健康,促进学生身心和谐发展。这是党和政府立足青少年体质持续下降现状和我国未来发展的历史紧要关头,审时度势,做出的具有划时代、开创性意义的重大决策。《中共中央关于全面深化改革若干重大问题的决定》对高校体育工作做出了重要部署,明确提出"强化体育课和课外锻炼,促进青少年身心健康、体魄强健"。由此可见,属于课余体育范畴的阳光体育运动将越来越受到重视。大学生体育社团要以阳光体育运动为载体,在增强学生体质、健全学生人格、养成学生良好健身习惯、提高学生体育素养和社会适应能力等方面发挥重要作用。

二、大学生体育社团的组织特点

(一)灵活性

大学生体育社团的灵活性是指社团组成人员信息和内容丰富,活动范围广。大学生体育社团的活动内容与形式自主性强、自由度大,比较贴近大学生生活,具有广泛的群众基础,能够吸引不同体育兴趣爱好的大学生群体。大学生体育社团可以通过训练、比赛、讲座和沙龙等活动形式开展活动,以提高竞技战术水平、体育综合素养,拓宽大学生视野,从而广泛吸引不同层次、不同专业和不同年级的大学生共同参与。大学生体育社团以灵活性的特点,通过多层次的活动进行横向、纵向交流,加强社会交往。

(二)自发性

自发性是大学生体育社团的重要特点。大学生体育社团一般是在大学生自愿结合的基础上形成的,是大学生自愿组成,为实现共同参与、共同组织体育活动,共同提高技术水平的目的,满足其健身意愿的群众组织。大学生体育社团的成员自愿聚集在一起,加入社团与否完全由自我决定,而非靠外部强制力决定,即由学生自主发起,由学生自愿参与,由学生自行建设。随着高等教育体制改革的不断深化,社会对人才素质结构的需求发生了重大变化,由原来的单一的知识型向能力知识型并举的方向发展。受其影响,在校大学生参与体育活动也不仅仅为了体质的增强,而是为了通过体育活动促进人与人之间的交流,提高体育对学习、就业压力的调节作用。因此,大学生的体育意识也发生了一些变化,由被动变为主动,越来越多的大学生根据自己的兴趣和爱好主动联合志同道合的同学,组建、培养自己感兴趣和展示自我才能的大学生体育社团。

(三)松散性

大学生体育社团的松散性主要表现为大学生自由度大只需要报名登记或直接参加活动就可以加入社团,成员均可自由退出,不需要办理复杂的手续,除少数骨干成员相对稳定以外,其他成员流动性较大,社团对成员参加与否没有约束力。再者,大多数大学生体育社团缺少正规的社团章程,社团组织机构往往不甚健全,系统性较差。

(四)一致性

大学生体育社团属于成员目标趋同型社团,即参与初衷基本是在兴趣、爱好、特长、观念等方面具有某种程度上的一致性,从而在社团活动中表现出极高的热情和主动性。这也正是社团总是能够不断吸纳有共同志趣的学生、得以持续发展的原因。成员间通过聚合、统一,使群体目标逐渐走向统一,同时,大学生体育社团目标的一致性又为个体成员能力的施展、素质的整合与提高提供了条件。

(五)自律性

大学生体育社团是在其成员一直保持自觉性、自律性基础上的,坚持常年正常、规律运转的体育组织。社团的显著特点是有一个制度化的组织系统,或者其成员的自觉性、自律性程度较高,无须外在约束即可自觉履行社团义务。一般情况下,尽管大学生体育社团的行为规范没有行政行为规范的约束力强,但是可通过该社团成员的基本素质和自觉性来实现社团目标,实行自我控制、自我约束。

(六)动态性

大学生体育社团通常是由大学生自愿结合的,组织形式一般不稳定,处于动态变化中,如果社团骨干出现什么变化,该社团也就面临自然解散的可能。并且大学生体育社团成员,合则聚,不合则散,兴趣转移则退出,使社团始终处于动态变化之中。

三、大学生体育社团的活动特征

(一)活动范围的广泛性

随着高校与社会的联系日益紧密,以及大学生学习、生活方式的改变,当代大学生与社会的接触变得更加广泛。大学生体育社团活动不仅仅局限在社团内部,也不仅仅局限在校园之内,而且是日益深入社会,甚至走出国门开展国际交流合作项目,呈现出越来越强的开放性。大学生体育社团通过同社会各方面建立广泛联系,争取到社会上的企业的大力支持,从校外获得了自身发展所需的活动资源与管理理念,也为社团成员提供了走出校园、接触社会、将所学知识与实践相结合的宝贵机会。

(二)活动方式的灵活性

大学生体育社团的自主性比较强,社团的活动方式也相对灵活多样。社团活动可以定期举行,也可以不定期举行;可以是讲座、比赛,也可以是展示、竞赛、训练等。与此同时,随着网络技术的发展,网络在社团活动中的作用越来越明显。大学生通过网络将喜爱的技术视频、比赛片段分享给其他成员,而且将一些重大比赛的时间表以及校内比赛的通知和规程通过网络的途径进行宣传,改变了传统的活动组织形式。网络使得信息传播更快、参与方式的约束性降低、活动参与面更广、发表各种意见的自由度更大,进一步拓宽了社团的活动空间,促进了社团的活力和影响力的加强。

(三)活动内容的多元性

从大学生体育社团的活动内容来看,社团活动内容丰富、形式多样、富有创意,具有强烈的吸引力。近年来,大学生体育社团所开展的活动逐渐覆盖集中训练、公益表演、校内外体育竞赛、健康讲座、校际交流等各个领域。大学生体育社团所倡导的各项活动,为大学生的课余文化生活增添了缤纷亮丽的色彩,而定期在社团内部举行的小型竞赛、体育文化节等活动,更为大学生体育社团搭建了一个展现自身魅力、互相交流学习的平台。随着大学生体育社团工作经验的积累,社团的活动内容将更富有创意,活动水平将不断提高。大学生体育社团活动日益成为校园文化中不可或缺的组成部分。

(四)经费来源的多样性

大学生体育社团的发展中经费的筹集较为重要。近年来,大学生体育社团的经费保障日益充足,一方面得益于高校的重视、扶持和支持,有相当数量的社团管理机构每年会为大学生体育社团提供一定的活动经费,并为其提供必要的活动场所与设施;另一方面,社团的对外联络能力、资金自筹能力的提高也对社团经费的增加起到了至关重要的作用。随着大学生体育社团的影响力不断增强,社会联系日益广泛,许多校外企业、国内知名公司都乐于与社团进行合作,为社团活动提供资金赞助。充足的经费又为提升社团活动的品质、提高社团的知名度和美誉度奠定了坚实的基础,从而形成了社团与赞助单位之间的良性互动和深化合作的良性循环。

四、大学生体育社团的发展趋势

大学生体育社团作为课余体育的重要载体,在人才培养中发挥独特的作用。随着高校体育改革的不断深入,大学生体育社团表现出勃勃生机。综观国内大学生体育社团的发展现状和国外大学生体育社团的发展经验,我国大学生体育社团的发展有以下趋势。

大学生体育社团的组织形式和活动方式呈现出参与的自愿性、活动的灵活性和开放性等发展趋势。大学生体育社团是由志向、兴趣、爱好相同的学生自发组织起来的。社团成员自愿聚集在一起,加入社团与否完全由自己决定。这种在共同兴趣、爱好基础上形成的社团,能促使学生培养终身体育习惯,积极主动地参加体育锻炼和组织竞赛活动。同时,大学生体育社团的组织机构比较松散,对成员没有强制的约束力,形成了宽松、活泼、畅所欲言、平等相处的良好氛围。社团活动的形式更是灵活多样。社团活动可以定期举行,也可以不定期举行;可以在校内活动,也可以走向社会。大学生体育社团这种自愿参与、活动灵活的特点,适应了当前大学生学习、生活的特点,具有强大的吸引力。大学生体育社团的另一特点就是开放性。社团成员结构打破了院系、专业和年级的界限,具有不同知识结构的研究生、本科生、专科生、进修生融为一体,形成一个多层次、多方位的纵横交错的学识交流沟通网络,并且成员具有共同的志向、爱好和兴趣,使成员之间能够相互取长补短,共同进步。

大学生体育社团的活动内容呈现出以兴趣型为主向能力型转变的发展趋势。最近几年来,大学生参加体育社团的初衷逐渐从纯粹的兴趣向现在的兴趣加能力转变。面对竞争激烈、快速发展的社会,他们不再单单希望在社团这个群体中丰富自己的生活,更希望能在社团生活中发展自我、完善自我,提高社会竞争力。这充分体现了当代大学生求实的态度。因此,他们不再满足于社团活动的表面,而是注重将体育技能以及组织、沟通、协调能力充实到社团的文化深层,以此促进自身的成长。

大学生体育社团的活动范围形成了由校园型为主向校园型和社会型并重扩展的态势。学生社团活动的内容和区域,过去是以校园为主。近年来,伴随着高等教育社会化趋势的深入发展,高校人才培养目标进一步与社会需求接轨。越来越多的大学生认识到,在校期间应尽可能多地接触社会、了解社会,积累一定的社会阅历,培养、锻炼各方面的社会技能。这对于缩小校园与社会的距离,使学生将来尽快适应社会非常重要。因此,大学生体育社团的活动内容和范围不再局限于校园,而是逐步延伸到社会的各个领域。于是,大学生体育社团成为大学生与社会保持联系的重要载体之一。

第二节　大学生体育社团存在的问题

一、社团内部管理较为松散

任何组织只有形成了合理有序的治理结构,使得组织成员民主参与决策,并保证一定的运行效率,才能够实现组织的健康发展。而目前不少大学生体育社团都存在着因内部治理结构不完善而导致的组织松散化问题:对内表现为集体行动由于个人意见不一致而无法达成共识,组成人员缺乏合理性,大一、大二学生较多,大三学生较少,大四学生几乎无人参加,缺乏对组织成员的控制等问题;对外表现为可调动资源不足,社团活动有始无终,往往是"昙花一现",部分社团没有完善而明确的内部管理章程,或仅仅流于形式,未能有效执行、严格管理,结果成员流失严重,一开始红红火火,到后来冷冷清清。

二、对体育骨干缺乏有效约束

社团骨干管理社团是社团治理结构的一个突出现象。大学生体育社团要规范地开展活动，必须有体育骨干对社团进行有效干预和积极影响，必须对体育骨干给予足够的尊重并允许其拥有足够的掌控能力。但是如果片面依赖体育骨干的人格魅力和工作能力，忽略了制度化建设，就会为社团的可持续发展埋下隐患。在实践中，体育骨干管理社团的不足在于不能充分发扬民主，对体育骨干缺乏有效约束，体育骨干之间容易产生摩擦，导致意见不统一，骨干之间各自为战，甚至互相掣肘，不能很好形成社团的凝聚力。大学生体育社团的成败完全系于体育骨干身上，很容易造成骨干退出而导致社团解散的现象。

三、社团活动功利性突出

大学生体育社团是大学生参与体育实践、进行相互交流、促进社会化的重要载体，其与社会的接触是必然也是必要的。但是，一些社团的过度社会化倾向，也给社团的健康发展带来了风险。很多大学生体育社团的外部联系不仅仅局限于校内，与校外的企业等组织都交往密切，甚至在实质上成为校外单位的"校园代言人"或校内分支机构。其中不乏一些别有用心的组织，凭借伪善的外表和慷慨的资金支持，与大学生体育社团开展合作以实现自己特殊的目的。由于大学生涉世尚浅，政治敏锐性和辨别力不强，常常难以洞悉问题本质，很容易被蒙蔽、利用，客观上对校园和社会的政治稳定以及大学生的健康成长构成巨大隐患。一些社团为了提高影响力、竞争力和知名度，希望与多个高校同一性质的社团结成联盟，并以联盟的名义对外进行合作。但是跨校组织怎样建立、各成员有什么样的权利与义务、活动和经费由谁监管、出现纠纷如何处理等问题都无章可循。这对不同高校加强社团管理方面的合作也提出了新的挑战。

四、高校规范管理与社团的矛盾

大学生体育社团的自主性与高校规范管理之间存在矛盾。大学生体育社团是已经在高校注册并运行的组织，高校拥有对社团行为进行规范管理的基本权利，但是大学生体育社团又带有很强的自我色彩，社团内部结构和制度不规范、成员流动性强和对体育骨干缺乏有效约束等问题比较普遍。因此,社团的"散漫性"现实与高校规范性要求之间构成了一对矛盾。此外,部分社团认为高校管理部门在活动审批等环节上过于严格,在一定程度上导致组织社团活动的热情受挫。社团管理和指导机构对社团活动的审查和评估往往着眼于高校大局,在一些涉及社会敏感问题活动的审批中尤其谨慎,对活动者评估风险的能力有所怀疑,表现出对学生活动的热情不高。这在一定程度上刺激部分社团产生了对于活动审批制度的抵触情绪。

五、大学生体育社团的活动资源得不到满足

大学生体育社团所需的资源既包括资金、场地等实体资源,也包括指导教师的专业指导等智力资源。大学生体育社团开展活动的资源需求还得不到及时满足,高校实际给予的支持还远远不足。在经费方面,根据相关调查,部分高校人均社团工作经费不到 10 元,还有相当一部分社团根本得不到高校经费的支持。在场地、器材方面,高校对大学生体育社团免费开放活动场地,但社团对器材及消耗物品(如球类等)的需求没有得到满足。在活动指导方面,尽管有的社团有指导教师,但指导教师实际上并不经常指导社团活动。

六、大学生体育社团缺乏专业指导

目前,许多高校对学生社团普遍存在"重管理、轻指导"的倾向,大多认为社团的管理和指导是不可分的,谁负责管理社团,谁就要负责指导社团。但在实际中,管理与指导在很多时候是必须分离的:一方面,管理注重统一、规范、适宜,由单一主管部门负责,而指导则要因社而异,不同的社团具有不同的需求,往往不是一个部门所能满足的;另一方面,一些社团对指导专业性要求很高,大学生社团管理部门并不具有相应的指导能力。由此导致了管理与"指导"的分离。因此,进一步加强社团指导工作,必须紧紧围绕"谁需要指导""谁需要什么样的指导""由谁来指导"这 3 个核心问题,具体问题具体分析,以真正提高社团指导工作的针对性和实效性。

第三节　大学生体育社团的管理途径和内容

《普通高等学校学生管理规定》第 39 条规定了大学生可以申请加入社团,并且明确规定大学生成立社团要接受高校批准。由于大学生体育社团在活动机制上具有很大的自主性,因此,根据大学生教育的特殊性和社团章程,必须对相关权利进行一定的管理。

一、大学生体育社团的成立和解散管理

(一)大学生体育社团的申请成立

大学生体育社团的申请成立应有一定的程序。申请可以由学生组织发起,也可以由教师、高校组织发起。成立大学生体育社团必须有正式书面申请,其内容应包括:申请成立社团的原因和理由,拟成立社团的名称,社团的章程和宗旨;明确社团活动的内容、开展社团活动的方式和时间,以及接纳社团成员的办法;相应的组织机构、领导机构;活动经费的可靠来源和相应的管理办法。

(二)大学生体育社团的批准

申请经社团管理部门讨论通过,报社团联合会,由社团联合会对正式书面申请的内容进行审查并进行必要的实际调查和了解,举行申请成立答辩会并对结果进行公示,报校团委通过后予以登记注册,该社团才能宣布正式成立。高校应规定该社团的业务主管部门为体育部,指派辅导教师。成立的体育社团应当严格遵守有关法律和高校规定,维持教学秩序,如果社团违反有关法律和高校规定,并造成严重影响时,如严重损害学生身心健康,或严重干扰高校秩序,经劝告仍不改正,社团联合会和团委可以责令该社团停止活动,并予以强制解散。对未被批准成立的社团,社联和团委要说明理由,做好解释工作。

(三)大学生体育社团的解散

大学生体育社团因各种原因需自行解散的,要向批准成立的部门报告申请,批准解散后应妥善处理遗留经费和物资。

二、大学生体育社团的活动管理

大学生体育社团的活动要符合我国法律和校纪校规,保证大学生参与社团活动的各项权利。校团委和校体育部负责管理大学生体育社团并对社团实行业务领导。大学生体育社团邀请校外人员到高校进行社会活动、体育表演和比赛需经校领导批准同意。大学生体育社团的网络建设须经高校相关部门批准。校团委要定期对社团负责人和社团成员进行培训和教育,提高其政治觉悟、理论水平和组织能力。校团委、体育部、学生社团联合会应广泛联系社团成员,多沟通,了解,解决成员实际问题,对成员中出现的违纪违法行为坚决禁止和取缔,决不允许其以任何方式活动。

三、大学生体育社团的管理内容

(一)大学生体育社团的人力资源管理

大学生体育社团的建设主要是组织活动和协调配合社团人员。这些都是人力资源的范畴。人力资源管理是社团内部管理的基本职能之一,指的是为了实现社团的宗旨,利用管理理论和方法,获得人力资源,并对获得的人力资源进行整合、调控及开发,使社团可持续发展。其内涵涉及吸引、招募合适的潜在成员,激励成员,留住成员,提高社团组织效率,提高工作质量,帮助成员在社团内发展。

1.社团的成员录用

社团人力资源管理始于成员的录用。每学期开学前,特别是每学年新生报到前,社团要根据其宗旨和近期目标,了解社团对人力资源在数量和质量上的需求,制订人员补充计划、人员使用计划、升降职计划、教育培训计划。在纳新宣传中,要有社团介绍、专业需求、社团活动计划等介绍。纳新录用完毕,成员的相关信息必须在社团记录在册。

2.社团的组织培训

社团应对社团干部、社团成员在专业知识、技能、组织能力和态度等方面进行培训,包括新社团干部上岗培训,社团干部组织内培训,社团成员专业知识、技能培训等,通过组织内部定期或不定期举办的培训:一方面,落实工作轮换制度,使社团干部熟悉不同的工作内容、学习方法;另一方面,外聘指导教师或专家到高校组织集中训练或项目咨询,提高社团干部的工作绩效。社团成员培训可以多元方式开展,包括自学、专业知识学习、请社团干部和老成员为新成员授课等,强化社团宗旨,塑造组织文化并提高专业技能。大学生体育社团内部的互动、互信、互助和经常的沟通,以及民主、透明、公正的管理政策,是激发会员士气、形成团队精神的重要条件,只有在此基础上才能实行有效的人力资源管理。

3. 社团的激励机制

大学生体育社团,因内部管理权限明晰,要求社团干部明确激励机制,尊重每一名干部的专长,干部各尽所能。激励机制将在社团内部形成良性的互信和互动,有利于社团的治理,促进组织的成长,也有利于带动社团中个人的成长。因此,扩大社团干部的自主范围,增加社团成员的工作责任,更有重要意义。

4. 社团内部的绩效评估

每一个社团下设部门多,涉及的社团干部多。社团干部是社团人力资源配置的核心,社团干部的管理是社团发展的关键。因此,大学生社团联合会、大学生体育社团要对下设的各单项协会和各部门进行日常性评估和年度评估,内容包括工作态度、工作能力和工作成效,要以部门为单位分层分类进行考核,绩效评估过程必须透明,公示每个人的考核结果。在考核中应充分尊重来自各方面的意见和反馈,设立监督和申述机制,评估的真正目的在于激励优秀的社团干部。

(二)大学生体育社团的财务管理

大学生体育社团的管理要健全社团内财务组织机构,要有财务部,对任何活动财务部都要进行财务预算。通过财务预算,社团才能设计筹款计划、营销策略、项目覆盖等重要内容,有助于降低成本,提高效率。完成任何一项活动,社团财务部都必须有财务报表,并对外公示。社团的理事、会长及社团干部要分析、解读财务报表反映出的情况,研究活动成果,做到科学管理和决策。

社团财务部每月、每学期必须公示财务报告,通过财务报告,实行资金安排、余款管理、成本控制,为社团的管理决策提供重要依据,同时通过财务部的对内、对外交代,展现组织整体形象,提高组织的公信度,扩大财源。社团的理事会成员和社团干部或成员代表应定期检查财务状况,分析财务报表,对组织运作和管理进行监督和评估。

通过预算、结算、监督、评估等财务管理环节,社团的收入和支出项目,一目了然地体现着其活动是否合乎其宗旨、社团及工作人员的工作规范和作风。一个好的财务管理系统,不仅能够保障项目所需资金的收入,使社团处于安全运作状态,而且通过成本分析、预算、监督等环节,能够提高项目资金的运作效率。组织活动的每个环节的透明与公开,在制度层面上能够有效地遏制财务的混乱与贪污现象,维持社团形象,保障社团的生存与发展,维护社团的公信力。

(三)大学生体育社团的评价机制

在大学生体育社团的学生自我管理条件下,高校应辅之以宏观的规范引导,倡导健康向上的活动和规范有序的内部管理。高校通过制度管理、评价管理形成竞争激励机制,通过客观评价与主观评审相结合的方式对社团活动做出正确评价。客观评价是从社团活动原始资料的记录方面客观地反映社团管理规范与否。而主观评审主要是对各项社团活动的规模和效应从定性的角度给予主观性评价,建立社团年检制度,根据《学生社团年度检查报告》的内容,检查本年度社团名称、社团负责人、活动资金等变更登记事项,本年度重大活动情况和接受资助及遵纪守法情况等。此外,各社团还需要提交上年度的工作总结、本学年工作计划及财务预算报告。由社团联合会成员和体育部指导教师组成年检审核小组进行年检终审汇报答辩会,体育社团汇报一年来社团的财务状况、制度建设、组织建设等情况。年检制度能使各个社团及社团自身形成横向和纵向的对比,让高校及时掌握各社团现状,规范其工作,引导其发展。

(四)大学生体育社团的激励机制

高校的团委、社团联合会和体育部门应要求各大学生体育社团定期递交自我评价材料,细致地评审各社团上报的材料,组织力量举行有社团负责人和评委参加的现场答辩会,以无记名投票的方式评价社团,公布评价结果并予以表彰和奖励。社团评价的依据是各社团上报的书面总结材料及其他相关资料(录像带、光盘、照片等)、社团平时活动记录情况以及广大同学的反映和社会反映。社团评优的内容包括:定期评选一次品牌社团;定期评选一次年度成绩显著、广受欢迎的十佳社团、单项社团;评选年度最佳活动组织社团;评选最佳优秀社团刊物;优秀管理制度奖颁给管理方法得当、凝聚力强的社团;公共关系奖颁发给年度校外活动表现突出、有良好社会影响的社团;进步创新奖颁发给年度活动成绩优异的社团;特殊贡献奖颁发给年度校园文化生活有特殊贡献的社团;十佳社团负责人颁发给十位年度活动中表现优异的社团负责人;评选年度社团先进个人和先进单项社团。

第四节 大学生体育社团的建设发展与指导

一、大学生体育社团建设发展的重点

(一)大学生体育社团建设发展的政策定位

大学生体育社团建设发展的重点问题之一是统一认识的问题。如果高校没有在决策层面和整个校园文化中形成共识、予以政策定位,就不可能对大学生体育社团形成恰当的认识定位。当然,大学生体育社团的功能发挥不仅仅依赖于高校的重视度,但政策定位往往具有指挥棒的意义。大学生体育社团的空前发展壮大是近十年出现的,在得到高校政策层面的支持与指导下,其作用的发挥会更显著。

(二)大学生体育社团建设发展的保障体系

大学生体育社团的建设发展需要物质支持。如果大学生体育社团的活动经费、场地、器材等严重不足,该社团的长期维系就比较困难。所以,应采取灵活且合法合理的方式对大学生体育社团予以扶持,提供必要的活动经费、活动场所、活动时间和活动机会,不断促进其健康发展。同时,社团在活动中也须克服一味追求经济效益的情形,否则,就会出现本末倒置的情况,偏离活动的宗旨和预期的目的。

二、大学生体育社团建设发展的难点

(一)指导工作方面

大学生体育社团缺乏具体、全面的指导,社团活动层次有待提升。由于社团指导教师课外劳动报酬不高、工作考评激励机制不健全等原因,有很多社团指导教师的积极性不高,对社团的扶持和培养不够,未能发挥应有的作用,导致社团活动鱼龙混杂。社团活动层次不高表现在:不少社团"为活动而活动",不少活动年复一年地举办,缺少创新;娱乐性活动偏多,缺少立意深远、寓教于乐的活动;社团活动自我封闭,大多局限于社团内部或院系内部,面向全校、面向社会、具有宣传作用的活动较少。

(二)组织建设工作方面

大学生体育社团建设发展的组织建设工作具有基础意义,其内部凝聚力、活动组织能力与社团负责人的个人魅力、能力休戚相关,负责人综合素质好,社团感召力就强,社团活动也会有声有色。因此,加强社团的组织建设及社团后备干部的日常培养具有非常重要的现实意义。应杜绝社团负责人换届而导致社团波浪式低位徘徊的局面。比如,一些社团在前几年活动轰轰烈烈,后几年却销声匿迹,很大一部分原因是社团核心成员注重任内业绩,不关心下一代核心成员的培养,以致一些核心成员毕业后,社团往往从此一蹶不振,甚至走向终结。

(三)制度建设工作方面

如果大学生体育社团规章制度不健全,那么势必产生管理机制松懈与组织不力的问题。我国高校学生社团的发展历史短暂,管理制度正在逐步完善健全之中,如果没有规范的社团制度,往往会出现纸上谈兵、落实不够到位的情形。同时,完善的规章制度,可使大学生体育社团负责人接受系统、规范的组织才能训练,对于培养全面发展的人才具有现实意义。大学生体育社团规章制度的制定与完善,将使社团费用筹措及使用管理、社团活动的立项审批、社团的评估监督、社团资料的立卷归档等方面有序发展。

三、大学生体育社团建设发展与指导的基本原则

大学生体育社团的发展壮大是加强学生课余体育管理的组织依托,建设一支管理科学、规模宏大、结构合理的大学生体育社团,对于高校学生课余体育管理的现在和未来均具有重要意义。

(一)育人为先的原则

培养体质强健、人格健全和具有终身体育习惯的人才是高校体育的根本任务,也是加强大学生体育社团建设的根本目的。所以,要始终把体育综合素养的提升作为加强体育社团建设的出发点和落脚点,把社团建设和社团活动作为全面推进高校素质教育的有效载体和途径,牢牢把握育人为先的原则。

(二)确保稳定的原则

维护稳定是学生教育管理的重要任务。大学生体育社团属于群众性组织,具有自发性、松散性的特点,如不加强管理,容易产生不安定因素,影响高校稳定甚至社会改革发展大局。为此,社团的成立宗旨及各项活动必须符合党的教育方针,遵守国家的法律法规和高校的规章制度。

(三)分类指导的原则

大学生体育需求的多样化,必然导致体育社团的多样化。高校对各类体育社团要明确发展方向,并建立导师制,加大对大学生体育社团的业务指导力度,提高社团活动质量,吸引更多学生参与体育社团,提高自身素质。

(四)突出重点的原则

大学生体育社团数量众多,发展迅猛,而高校所能投入的人力、物力、财力有限,因此必须根据高校体育硬件、软件条件和体育优势项目的需要,结合各校实际,重点扶持一些社团,发挥其导向作用。

(五)循序渐进的原则

加强大学生体育社团建设是一项长期的任务,不可能一蹴而就。要善于从大处着眼,从小事抓起,把宏观要求具体化,把长远目标阶段化,遵循社团发展的客观规律,采用稳打稳扎的方法,循序渐进地推进大学生体育社团建设。

第五节　大学生体育社团管理机制的建立

一、建立社团分类指导机制

加强社团指导工作,要善于对形形色色的社团分类、分层、分级。所谓"分类",就是要根据性质定位、活动内容和关注领域等标准将社团划分为不同种类。每个体育项目的社团都有一些共同的特征和基本的规律,能为指导工作提供一些具有普适性的方法和手段。所谓"分层",就是要根据社团的规范化程度和活动的品质,将社团划分为不同层次,据以确定对其的支持度。所谓"分级",就是要根据社团的规模、影响力等因素将社团划分为不同级别,据以确定对其的关注度。这

3 种分类方法中，"分类"体现的是社团横向上的差异性，"分层"和"分级"体现的都是社团纵向上的差异性。后两者的区别在于："分层"的结果是"好、中、差"，可以作为奖惩的依据；"分级"的结果是"该不该多加关注"，可以作为监管的依据。

二、完善社团骨干培养机制

人，既是问题的制造者，又是问题的解决者；既是工作的对象，又是工作的资源。因此，做任何工作都要高度重视人的因素，在以"能人治理"为特色的社团当中就更是如此。"学生干部"和"社团骨干"泾渭分明，前者一般指在共青团、学生会、班级等组织中任职的学生，而后者是没有"干部"身份的，两者似有"体制内"与"体制外"、"正规军"与"杂牌军"之别，在培养培训、奖励激励等方面都不同。

随着教学改革的不断深化，校园生态日益多元化，人们对各方面优秀人才的认识和评价趋于均等化，"学生干部"与"社团骨干"的价值与贡献都得到了尊重和认可，从而融合成了"学生骨干"的新概念。像重视学生干部一样重视社团骨干，在许多高校已经形成了共识。

加强社团骨干培养，光转变观念、消除歧视是远远不够的。特别是"不拘一格降人才"之后，"学生骨干"的涵盖面更广，但内在的差异性也更大。尽管不同类型的"学生骨干"在素质能力提升上有许多共性需求，但不可否认的是，不同的组织、不同的岗位、不同的层级还是会带来许多不同的个性需求。因此，构建社团骨干培养体制，一方面要在满足共性需求的学生骨干培养体系中为社团骨干保留一席之地；另一方面还要针对社团骨干的需求特点，为其量身定做一些针对性、实用性更强的培训计划。只有这样，才能打造出一支综合素质过硬、业务能力突出的优秀社团骨干队伍。

三、建立社团制度约束机制

根据"依法治社"的原则。对社团的制度约束既包括社团内部的制度约束，又包括社团外部的制度约束。

社团内部的制度约束，首先要制定好社团章程，对于社团的性质、宗旨、任务，成员的权利和义务，领导机构及职责分工等加以明确规定，奠定社团存在与发展的制度基础；其次要根据实际需要建立健全社团管理和运行所必要的实体性和程序性规范，使社团和社团活动健康有序发展；再次要强化社团内部的民主参与和民主监督,保障各项规章落到实处,保护社团成员的合法权益,防止社团负责人专断和失范;最后,社团管理部门要对社团内部的制度约束给予积极的指导与帮助,比如,推荐社团章程和各项制度的范本,接受社团成员的举报和投诉,及时纠正违规行为。

社团外部的制度约束,就是要根据社团管理和运行中的普遍性问题,提出制度化的解决方案,既要注重"组织管理",又要注重"行为管理"。组织管理方面,主要包括社团的建立、退出、考核、奖惩等机制;行为管理方面,主要包括活动审批、财务管理、设备借用、租借场地、宣传广告等内容。由于外部的制度约束常常具有校纪校规的性质,执行主体又是社团管理部门,因此其往往比内部的制度约束更具有强制性和威慑力,在社团管理中的重要性更为突出。

四、完善社团经费保障机制

目前,大学生社团体育活动经费主要来自成员的社费和企业赞助,而高校的支持较少,各社团活动经费的不足不仅是困扰社团负责人的问题,同样也是困扰社团管理部门的问题。也就是说,目前各高校投入社团工作的资源总量与社团工作的实际需求相比普遍存在着较大差距。尽管募集资金、整合资源是从事社团工作极具锻炼价值的技能之一,但是,如果把过多的精力耗费在这些方面,不仅会影响社团负责人对于社团本身的关注和投入,进而影响到社团活动的品质,而且容易滋长社团的功利化和过度社会化倾向,并可能导致失控的状况。因此,高校通过固定拨款、专项经费等形式给体育社团提供相对合理和稳定的保障,能够有效地避免社团的组织退化和负责人的精力外流,使他们能够较为安心和专心地做好真正喜欢和需要的社团工作。

第七章
学校体育教学管理改革的研究

第一节　社会对人才的需求与学校体育的历史责任

一、社会对人才的需求

社会随着变迁和发展,对人才的要求也随之发生变化。以前的文盲是以识字少作为衡量标准,很快,这个标准发生了变化。比如,人们把不会使用电脑、使用熟练程度低作为文盲的划分标准。有人喻农业经济时代是以武力转移为特征,工业经济社会是以物质转移作为特征,则知识经济时代是以信息转移作为特征。这当然对人的素质方面的要求也越来越高了。以日本钢铁厂选拔工人为例,20世纪40年代招收工人,考试的办法是携带60千克铁砂跑50米,采用体力测验的办法;20世纪60年代测体能和文化水平,以文化水平为主;20世纪70年代日本炼钢工人21%是学校学生。就我国大型的钢铁基地宝钢来说,招收工人要求高中以上文化、4级以上技术工、懂外语。炼钢工在素质、能力方面发生了很大的变化,从中也能反映出社会对人才要求的变化。

现代社会对人才的要求可以归纳为健壮的体魄、优秀的智能、良好的心理素质、良好的职业道德和协作精神。

(一)健壮的体魄

健壮的体魄应体现为体质良好、体能全面、生长发育良好、有连续工作能力和较快的恢复能力,前文已经论及这些。

(二)优秀的智能

随着信息时代的到来,现代社会对人的智能要求出现了深刻的变化,除了扎实的基本知识和精深的专业知识之外,还要求有学习能力、创新能力、观测能力、动手能力。科学发展朝着分化和综合 2 个方面发展,一方面,专业越分越细;另一方面,协同攻关要求越来越强烈。在知识爆炸的时代,不学会学习,知识就难以更新,就会落伍。没有动手能力,100 年前居里夫人就没有办法从 30 吨矿石中"炼"出 0.1 克氯化镭;没有动手能力,巴甫洛夫就没有办法从狗的唾液和解剖中得出条件反射定律。而创新能力,是一种综合能力,必须有坚实的基础、敏锐的观察能力、强烈的好奇心,没有丰富的天体力学知识,就算天天有苹果砸到牛顿头上,他也悟不出万有引力定律。当然,有丰富天体力学知识的人很多,但也仅有牛顿从苹果向下掉中悟出万有引力定律。只能说,机遇偏爱有知识又有准备的头脑。

(三)良好的心理素质

现代社会对人的心理素质提出了更高的要求,这是因为随着社会高速发展,人与人交往越来越需要加强协作。农业经济时代日出而作,日落而息,可以鸡犬之声相闻,老死不相往来;而现代社会科技的发展已经把地球变得越来越小,人们谁也离不开谁,除了要求精力充沛、奋发向上、思维敏捷、情绪良好外,还要求有追求之志、好奇之心、探险之勇、求实之诚、专注之境,有不折不挠的精神,有经得起失败和挫折的心理承受力。

(四)良好的职业道德和协作精神

高尚的道德情操内涵十分丰富,而作为一个社会人,端正人生态度,具有社会公德、职业道德,具备协作精神是最基本的、全世界共同认可的品质。其中尤以职业道德和协作精神较为重要,是人们取得成功必备的思想品质。

科学家朱克曼作过统计,在诺贝尔奖金设立的第一个 25 年,合作研究获奖人数仅占 41%;第二个 25 年占 65%;第三个 25 年占 79%;到近十几年,已极少单人夺魁了。这反映一个趋势,单兵作战难登顶。"阿波罗登月计划",共耗资 250 亿美元,直接参与的科学工作者达 42 万人之多!靠各自为战,阿波罗能登月吗?现代的科学实践、生产活动、经济贸易已趋全球化,协作精神已成为科技人才的一项基本精神素质。美国在选拔高级科技人才考试中,一共有上百项测评指标,其中有几项指标是专门测试应试者的协作能力和精神的。

围绕情商与智商的关系问题,人们有多种说法与争论。在人们知识水平越来越接近的今天,有人认为情商是事业成败之决定因素。这里我们暂不争论孰高孰低的问题,但可以肯定的是,情商对一个人事业成败有深刻影响。敬业乐群已成为现代人必需的品质。

二、传统学校体育的利弊

"西洋体育"传入中国是近代的事,也大体可分为上下 50 年,即从"西洋体育"传入到中华人民共和国成立,时间大约为 50 年;从中华人民共和国成立到现在,也有 70 多年。清政府在 1904 年颁布的《奏定学堂章程》是我国第一次正式普遍实行的、比较完整的现代学制。辛亥革命后,中华民国在 1912 年和 1913 年,对我国的教育制度进行修改,制定公布了壬子癸丑学制。这一学制一直实施到 1921年。该学制执行后,各级学校都开设体育课,近代学校体育也随之得到普遍实施,从而结束了我国两千多年来学校教育中不重尚武和基本上没有体育运动的历史。

(一)传统学校体育未能全面发展受教育者的体育能力

中华人民共和国成立后,开始批判和否定自然体育思想,转向全面学习苏联经验。苏联体育教育理论,以马克思列宁主义为思想基础,以巴甫洛夫学说为自然基础,以凯洛夫教育思想为理论基础,主张体育教育的统一性,受主体教育思想影响。全国实行统一的教育制度、统一的教学大纲、统一的国家管理和领导机关、统一的标准和要求,在具体教学上实行统一的教学过程和内容、统一的要求使理论严谨、体系稳定。但这种从理论到实践的统一模式,却忽视了个人的创造力与体育能力的发展。长期以来,我们受苏联体育教育思想的影响,强调以传授知识、培养道德为目的,强调以教师、课堂、教材为中心,把体育教育和身体发展视为同一过程的 2 个方面,认为在学生掌握运动技术过程中,可以提高他们的健康水平和身体发展水平,把增强体质看成掌握技术动作的必然结果,认为二者是从属关系。这样,我们可以比较清楚地看到,传统的学校体育明确提出发展身体的目标,却未能区别掌握技术动作与发展身体的不同之处。它们之间有联系但不是必然联系。体育活动和一个人的体质的增强并不一定是因果和正比的关系,而是存在着有益、无助、有害 3 种可能。在这样的理论和实践下,学生的体育能力未能得到全面的和真正的发展。

(二)传统的学校体育忽视学生主体作用的发挥

长期以来,我们受学校体育教学以教师、课堂、教材为中心的影响,强调严密组织、严格纪律,重视教师作为学生的主导者的地位与作用,在课堂教学中重视"三基"教学,忽视学生的参与。虽然,我们也强调教学双边活动,希望发挥学生主体作用,但教学总被统一、规范、主导所淹没,被体育教学程式化、成人化、训练化所淹没。20世纪80年代初兴起的"巡回练习法",20世纪90年代初对"为什么要教滑步推铅球"看似是在操作层面的改变与讨论,实际上是对传统体育教育思想提出质疑。前者作为练习方法改变,能激发学生练习的积极性、主动性和创造性。后者认为把"滑步推铅球"作为教材,使学生力不从心,也无特殊功效,而如果为发展力量,有更多简单有效的内容,更能刺激学生练习的兴趣和积极性。值得注意的是,源于日本的"快乐体育"传入我国,就受到较为广泛的欢迎。"快乐体育"明确地反对传统体育那种压抑学生兴趣、无视学生心理特点而谈知识技能与体力发展的强制、被动的教学活动及其指导思想。快乐是一种愉快的情感体验,而(运动)乐趣则是能使人产生愉快情感体验的运动特性。"快乐体育"强调运动与生活关联,体现主动、快乐和个性发展的效果,强调学生积极参与活动的主体作用。这无疑是指导思想上的一大进步。

(三)传统学校体育中的思想品德教育缺乏针对性

从20世纪50年代开始,我们全盘学习苏联的经验,全盘否定西方体育思想。在强调阶级斗争、政治挂帅的社会大环境里,学校体育中的思想品德教育被抬高,显得过大过空,如强调体育的阶级性和"工具论",凯里舍夫认为"体育教育的发展是和社会的发展并进的,并且在阶级社会里永远有阶级性"。这样忽视体育具有相对的独立性和继承性,而完全把它当成阶级斗争的工具,必然产生以社会制度来判断理论、体制的先进与否这一类的问题。凯里舍夫认为苏联的体育理论是"世界上最先进的,而资本主义国家的体育教育理论则是最反动的和反科学的"。在这种唯阶级论思想的影响下,以阶级斗争为纲,政治总是第一就不足为怪了。

在学校教育中,培养德智体美劳全面发展的人,把受教育者培养成"四有"新人,始终是我们教育的目标。通过学校教育包括体育活动,完成自然的人到社会的人的转变过程,是学校的责任之一。学生时期是人的世界观、人生观、价值观形成的关键阶段。我们通过体育,对学生进行爱国主义、集体主义、社会主义劳动态度和自觉纪律的教育,培养良好的道德品质,如遵纪守法、关心他人、爱护环境、讲究卫生、敬老扶幼、敬业乐群。让他们对生活、对社会积极进取,生活乐观显然是必须而且应该坚持的,而对人类共同财富,则应该是积极吸取而不是全盘否定。思想道德品质教育应该有针对性、阶段性、层次性,应该春风化雨,合情合理,从小处入手,从大处着眼,才能使思想道德品质教育取得大成效。

（四）传统学校体育缺乏传授终身体育思想

限于人们的认识水平，尽管 17 世纪英国教育家洛克在《教育漫话》中就指出"导师的重要工作"之一是"培养学生良好的习惯"，我们也强调学校体育要培养学生锻炼身体的习惯，但在理论上的认识不深刻、不全面、不系统，实践以传授"三基"为主要内容。在现代教育思想影响下，终身教育的强调，诱发了人们对终身体育的思考。苏联和日本，率先在 20 世纪 60 年代开展终身体育领域的研究。用终身体育的思想审视学校体育，使学校体育思想从一般只强调学生在校学习期间的阶段效益跃升为追求以阶段效益为基础的长远效益。这就很自然地要把培养学生对体育的兴趣、爱好和习惯放到首要位置。

应该说，终身体育的提出，受到终身教育思想的影响，同时也受社会经济发展和人们生活观念发展变化的影响。在人类进化的几百万年的漫漫历史中，人类文明仅仅有一万年左右的历史，用恩格斯的说法是文明的起源只占人类历史的"一秒钟"。这"一秒钟"使物质极大地丰富，而人的本能却受到压抑和退化。这是青年体育学者李力研解释竞技情结的生物学观点和哲学思辨。应该说，这种解释是深刻、比较有说服力的。现代社会发展使人的"野性"大为减少，本能有所退化，生存条件更为苛刻，适应能力大为降低。文明从对人的发展角度来看，是一把双刃剑。其实，人类在惊呼"文明病"对人类的威胁时，恰恰忘了它是我们自掘的坟墓。人类在创造文明的过程中，也不断寻求抗击人的本能退化的办法，从外部补充到自身发展都在不断地丰富，也走了不少弯路，古希腊 4 年 1 届的奥运会就是突出的例子。

三、学校体育的历史责任

（一）针对情感危机，应加强人与人之间交流

时代的车轮滚滚向前，社会的发展风急浪高。放眼世界，知识经济时代悄然而至，社会个体化趋势已显露出来。从生活环境来看，城市化速度在加快，城市人口急剧增加，县改市的做法加快了全国城市化的进程，那种朝见晚见的大屋和四合院式的居住环境被高楼大厦取代。下班回家，"躲进小楼成一统"、不知楼上住何家是新出现的现象，人们生活节奏加快，感情交流渠道减少。从工作环境来看，随着经济多元化，人员流动从数量和频率都增加，同时集体活动有所减少。从人

员结构来看,城市的一孩率比例很高,三人和三人以下家庭比例高,孩子在家庭中少有同龄人玩耍、游戏、交流和学习,接触的多是父母辈、祖父母辈的成年人。生活节奏加快,工作压力加重,生活环境的改变,使人们千方百计寻找缓解情感危机的途径,增加情感交流的渠道。

面对时代的发展,我们的教育应该怎么办? 一方面,面对知识经济时代的即将来临,我们的教育必须以创新教育来应答。科技是第一生产力,人必须知识化。知识化的核心是创新意识和创新能力。另一方面,社会的发展归根到底是为人的发展,广厦千间是为人能安居,良田万顷是为人能饱腹,丝绸多彩是为人能遮体。人在满足生理需求后,在精神、文化、社会等层面上的要求也在逐步提高,可以说到了五彩缤纷的境地了。面对这些变化,人对自己身体发展的意识和要求也就越来越高。学校的社会中心地位也将越来越受到重视,而学校体育功能的作用将得到更充分的发挥。

学校体育,不管是课堂教学还是课外活动,由于它的实践性、技能性的特点,是需要协作才能完成的活动。它使人们在体验运动的愉快情感的同时进行感情的交流。在学校中进行智育培养,也主张互相帮助、互相学习,但作业得单独完成,听课也不要互相干扰。在体育活动中,则往往需要互相配合。在体育活动过程中,参加者往往要根据需要担任某运动体育角色,并按既定的体育规则和体育道德标准,进行体育活动。这实际上就是社会活动的缩影。从社会学特征来看,体育还有其特别的地方,就是人不分老幼,位不分尊卑,有非常强烈的平等性。这是人类追求的境界,是人与人之间进行情感交流平等、彻底的形式,在知识经济时代,它的作用将越来越受到人们的青睐。

(二)EQ 的兴起与协作精神

近年来,情商(EQ)之说十分红火。相对于智商(IQ)而提出的情商,是长期以来在人们认为事业成败系于智商、智商高则事业成功率高的基础上产生的。更多人又把智商与学历画上等号,比如在不少社会调查材料中反映了不同学历层次的收入统计发现学习年限越长,个人收入越高。但是,人们在色彩斑斓的社会中看到,从普遍意义上讲,智商越高,事业成功机会越大,但反之,事业有成的人,也不全是智商很高的人,智商只在一定程度上是事业成功的基础。事业还受到机遇、努力、环境、工作态度、协作精神等方面影响。

持与"智商决定一切"相反观点的,是一批学者(主要是心理学家们)提出情商的命题。在情商与智商的关系中,他们认为起决定作用的是情商而不是智商。有人甚至认为成就的方程式是:20%智商+80%情商=100%的成功。我们姑且不去探讨谁是谁非,可以肯定的是,理性素质和非理性素质,智力因素和非智力因素,都对事业的发展产生影响,不过前者(理性和智力)起基础性、关键性的作用,"艺高人胆大"表明了这种关系。但情商的提出使一个人的成长的内涵更加丰满,内容更为丰富。人无尖牙利爪,力不如牛,跑不及马,之所以成为主宰世界的万物之灵,是因为"有智""能群"。即使是天才,也不是生长在深山老林里的怪物,必然有使人成长和施展才华的环境。时势造英雄也好,英雄造时势也好,脱离现实环境将是一事无成。而这个环境,主要是社会环境,这就有个如何处理好人与人之间关系的问题。

一个人从入学到走上社会,形成世界观、人生观、价值观的关键时期的都是在学校度过的。如何培养学生们充满爱心、与人为善、严于律己、宽以待人、勇于奉献、敢于负责、积极进取、敬业乐群的良好品德和协作精神,是社会、学校共同关心的问题。学校体育是讲团队、讲协作、讲规则、讲平等的教育活动,它的独特作用是学校体育的特色所在,我们有理由相信学校体育能为造就敬业乐群的"四有"新人做出更大的贡献。

(三)摆脱纯生物的观点

体育的本质功能在于增进人的健康,完善人的发展。自从有了体育,发展到自然体育、传习式体育、现代体育,大家对体育的本质功能有了共识。体育概念的泛化导致体育目的的异化,也没有人否认体育的健身功能。但是,长期以来,我们把健身功能物化为形体特征。"以身体练习为手段","以身体大肌肉活动和建立环境为工具,而没达到教育目的一种教育"往往被理解为肌肉粗壮、四肢发达、头脑简单。这不能不说是理解的误区,是体育界的悲哀。长期以来把教育的重要组成部分降为"小三门",把研究发展人体的科学列入另册,莫不出之于此。

"体育"一词,始于法国教育家、思想家卢梭。他在1562年出版的教育名著《爱弥儿》一书中,用体育这个词论述了对主人公爱弥儿的身体教育过程。卢梭的教育思想是自然主义的,他的天性至善及其"归于自然"的理论,体现在教育上,便是教育应脱出社会文化的禁锢而使人性发展。这种自然体育顺应学生的天性,以他们的兴趣为中心,讲究运动教育。这对欧洲中世纪的科学与"毁身禁欲"的非人道主义来说是一次革命,从此,欧洲呈现出一道绚丽的人文教育风景线。自然主义体育在德国得到发展和完善,20世纪德国3位自然体育的代表人物古兹姆茨、杨、施皮斯,被人们称为德国3个"体育之父"。而对学校体育影响最大要数施皮斯,故他又被称为"德意志学校体育之父"。施皮斯思想和实践可概括为运动铸型教育。他的理论与实践的核心是把身体运动"要素化"和"铸型化"。他把许多杂乱无章的运动归纳起来,按身体的整体形态、身体的局部形态、有支撑面的身体部位状态和无支撑面的身体部位状态,把动作分成支撑、悬垂、躺卧 3 个方面。他把动作规定得十分细致精确,如走步规定一步长为三足长,步行速度为标准 80 步/分钟。他对其他动作的速度、速率、角度、幅度、方向、路线都有明确规定,这就是施皮斯的体育"要素化"。"施皮斯搞运动铸型的出发点,主要是为铸造人的身体,这是十分明确的。"他十分注重身体的姿态和形态,重视身体运动的表现行为,为近代学校体育做出杰出的贡献。但他在主观上通过身体运动铸造人体,实际上是以运动教育为中心的体育观,陷进纯生物观点的泥坑。毛泽东同志在《体育之研究》中指出,体育之效在于"强筋骨""增知识""调感情""强意志",并指出"动以营生也,此浅言之也;动以卫国也,此大言之也,皆非本义。动也者,盖养乎吾生,乐乎吾心而已"。这里不难看出,体育在乎完善人体,使身心得以协调发展。这种对体育功效的论述,对于纯生物观点的批判是入木三分的。

(四)方法贵少,受益终身

现代学校体育的问题之一,是多数学生在离开学校后,与学校体育教学的内容相捍别。很多传授的运动技术、方法,在一个人的体育生涯中仅是匆匆过客。现在,大家在努力探索终身体育。这是对传统学校体育思想和方法的反思,意义是十分巨大的。

为什么学生学了十多年体育,一出校门,便与体育再见呢?主要原因有二:一是所学内容繁杂而不实用,二是忽视体育兴趣与习惯培养。我们在教学思想上要改变强制性为自主性,从强调学校学习期间的效益。体育方法的多少,毛泽东同志有过精彩的论述。他在《体育之研究》中对体育方法多少的辩证表述是:"应诸方之用者其法宜多,锻一己之身者其法宜少。"前者道理非常浅显,首先个人的兴趣、特长、爱好都有所不同,"一刀切"行不通也没好处,多种方法,任君选择,理所当然。但"锻一己之身其法宜少。近之学者,多误此意"。为什么"锻一己之身其法宜少"呢?先是"巢林止于一枝,饮河止于满腹"。其次是"今之体操,诸法樊陈,更仆尽之,宁止数十百种","一法之效然,百法之效亦然,则余之九十九法可废也。目不两视而明,耳不两听而聪"。最后是"其宜多者不必善,务广而废,又何贵乎",方法多,持之以恒固然好,若时间、条件均不许可,效益和效率都不高,还是"苟能实行,得一道半法已足"。

(五)培养兴趣,养成终身爱好

传统的学校体育,强调"教师、教材、课堂"3个中心,推行运动教育,许多学校体育教学管理改革与模式构建沿袭运动铸型教育,体育教学程式化、成人化、训练化。新一轮学校体育教育改革,在教学思想上改强制性为自主性,从而使学校体育目标跃升为追求学生在校学习期间的长远效益和阶段效益相结合,从强调主导作用转化为强调主体作用,在方法内容上则以实用有效、身体锻炼为主线而非以运动的内在联系为主线,不仅教运动技术,而且教锻炼方法,即"授之以渔"的做法。这样,终身体育的目标指日可待。

教育的相对被动性,忽视了学生学习兴趣的培养和锻炼习惯的养成。从行为科学角度来看,兴趣是人积极探究某种事物或进行某种活动的倾向。这种倾向带有强烈的目的性。人的行为都是有诱因的,任何行为都是有目的的。人的兴趣是在社会实践中发生、发展起来的。这种后天形成的倾向是可以培养的。而兴趣是多种多样的:有由事物或行动本身引起的直接兴趣,也有由事物或行动的目的和任务引起的间接兴趣,有产生于活动过程而在活动结束后即消失的短暂兴趣,也有成为个人心理特征的稳定兴趣。

体育作为一种人类特有的社会活动形式,是一种有趣的、有益、有效的活动。一般来说,上述几种形式的兴趣在体育中都有呈现,也就是体育过程给人的欢愉的体验是强烈的,多数活动内容是能使人感兴趣的,健康的目的是人类所祈求的,较难的是形成稳定的心理特征。从人兴趣形成的过程来看,只有对内容、对过程有了兴趣,才能形成稳定的心理状态。从整体来看,变被动体育为主动体育,变学校体育为终身体育,兴趣的培养是开启这把锁的金钥匙。

只要一个人对某项活动有兴趣,且形成相对稳定的心理倾向,他就能充分调动主观能动性,创造性地、执着地去追求。这对习惯的形成是至关重要的。实践过程有千难万阻,习惯是排除困难的有力保障。习惯成自然,体育一旦成为生活的一个不可或缺的组成部分,就能与我们相伴终身。

第二节 学校体育思想的发展与未来方向

一、体育观的历史选择

体育运动在世界范围内的普遍发展,其实质是体育观的变革。这种变革对体育的影响极其深远,影响着它们各方面的理论与实践环节,影响着它们的未来走向。

(一)两种不同体育观的形成和发展

现代体育运动发展的历程中,一直有两种不同的体育观,即手段论体育观和目的论体育观。

手段论体育观认为,运动的目的在运动的本身以外,把运动作为一种手段,来实现运动以外的社会目标。

目的论体育观不否认将体育运动作为手段,可以达到体育的直接目的和间接目的的客观事实,但其价值取向重点不同。

欧洲大陆在 20 世纪采用体操作为学校体育的主要内容之时,英国人则提倡游戏和娱乐。英国人率先形成的体育观念和欧洲大陆有着明显的区别,虽然没能产生系统理论和有计划地去实施他们的游戏和娱乐,但这些体育内容在民间和村落得到广泛的发展。事实证明,这些游戏和娱乐是极有生命力的,特别是当这些娱乐和游戏进一步发展成为竞技体育之时,就对整个世界的学校体育产生了巨大影响。

20 世纪英国的户外运动正是能体现目的论体育观的重要项目。欧洲很多思想家极力推崇英国的户外运动与游戏,例如,法国思想家、教育家卢梭指出:"游戏是一种置身其中的自由的、无目的的、有乐趣的、欢快的活动。"但是,人类社会在 20 世纪发生了巨大的变化,由游戏进一步发展成的竞技体育已在全世界得到广泛的发展,并成了学校体育的重要内容。能否说以体操为主要内容就是手段论体育观,而以现代竞技运动项目作为主要内容就是目的论体育观呢? 或者说,由于社会的发展,当今体育观已经没有市场了呢? 不! 绝不是这样,直至今天,两种体育观仍然存在。但在新的社会条件下,其形式和特点均发生重大的变化。

（二）当代两种体育观的区别

体育观的演变和体育课程理论的演变是密切相关的，也是同步进行的。当今，体育课程理论由学科中心向人本主义方向的发展，也使两种体育观的含义发生了根本的变化。

1. 价值取向的重点不同

两种体育观的价值取向分别是把运动作为手段和把重点放在掌握规定的统一要求的技术上。问题是掌握了那些特定的技术，能否满足学生的需要呢？看来未必。当前的现实是学生喜欢体育，而又不喜欢体育课，其中很重要的原因是体育课的内容机械划一，缺少生气，不能符合学生个体发展的需要。这表明手段论体育观事实上已使学生体育的发展走进了误区。目的论体育观的价值取向主要是满足学生的需要，实现学生身心素质的全面发展。这种价值取向并不排除手段的重要性，而是根据学生的需要，重新设计和构建体育的手段体系，使手段和目的能在实现学生个体发展的前提下统一起来。

2. 行为主体的地位不同

运动项目也好，体育大纲也好，均是体育的物化条件、体育行为者的客体。认为贯彻大纲、改进教法就能提高教学质量的观点就是忽视教学行为主体的片面观点。教师应当有执行大纲的灵活性，学生应当有选择教学内容的自主性，一切教学活动均应围绕着满足学生的需求、促进学生全面素质的提高来进行设计。这就提高了教师和学生的主体地位，而不是把教师和学生置于大纲和教材的从属地位。这就是目的论体育观的实质所在。

3. 个体发展的内容不同

手段论体育观重视技能，重视体育的合理负荷。其学科基础均属自然科学范畴内的生物力学和牛顿力学。其忽视了体育这门学科的人文精神，忽视了学生的情意和能力的发展。学生在体育课中的积极态度、欢快情绪、自我学习及交往能力的提高和掌握技术、提高体力是完全不同的领域，有着各种不同的形成机制。但是手段论体育观忽视的正是目的论体育观重视的内容，因此，可以说目的论体育观在学生个体发展的内容方面更为完善、更为深刻。

4. 体育内容的结构不同

手段论体育观强调体育内容自身的分类和体系，一般均是庞杂的体系，要求每一个学生均要学习，既不能反映学生个性发展的要求，也因为内容太多，无法使学生真正的消化，影响学习的效果。目的论体育观建立的体育内容分类体系是依据学生学习需求来进行分类的,教师可以从内容体系中进行有针对性的选择。例如,当前的西方各国,均提出若干种课程模式,供教师和学生从中选择。每一种模式都包含了选学内容,适应了学生个体发展的要求。日本虽然有全国统一的教学大纲,但在教学内容的分类方面,将实践科目的内容除体操以外,均规定为选择必修。所谓选择必修是在规定的范围内,允许教师或学生从中选择学习。这种必修、选择必修的分类体系充分地考虑了学生的发展需求。

体育的内容非常广泛,按其自身的特征进行分类,就包含了众多的内容。如果要求学生样样学,实际上学生将难以学精、学会,结果由于每一种教学内容的学习时数有限,导致一样也没学好。体育教学内容应当是多一些好还是少一些好,是一直在讨论的一个课题。实际上,从总体上来说,学校体育的内容应当多一些,但具体落实到学生应当少一些。这就是教学内容多和少的辩证统一。这种统一的条件采用灵活性的教学大纲,允许学生从众多的内容中进行选择。把教学内容分为必修、选择必修、选修 3 种类型,就是按满足学生的需求来进行分类的。这就是目的论体育观在教育实践中的体现。

二、课程理论的两次世界性变革

20 世纪 60 年代以后,教育课程的自身规律受到关注,情况就发生了变化。20 世纪 60 年代和 70 年代,分别出现了两次带有世界意义的课程理论变革。

20 世纪 60 年代课程理论变革的主导动向是"学问中心",或称为"学科中心"。1957 年,苏联人造卫星,对以美国为首的西方世界产生了很大的冲击。认识到基础教育落后导致国民科学水准下降的现实后,美国对原来的实用主义教育进行反思。致力于学校教育内容进一步科学化、现代化为特征的课程改革运动受到了美国朝野的重视。这就是学科中心论提出的社会历史背景。

开始使用"学科中心"这一术语的是古德拉德。他在 1966 年说过:"如果说前代的课程开发是以社会中心为特征的话,那么,这次课程开发就得名为学科中心或学问中心了。"

学科中心论的特征包括 3 项。一是学问化。杜威的实用主义教育提出:"学校必须是生活本身,而不应当是单纯的生活的准备"。换句话说,生活就是教育。而布鲁纳则提出:"把人类认识最前哨的日益深刻的见识反馈给我们的学校"。这绝不是单纯的生活体验,而是从学术性中抽取营养,首先考虑的应当是学术性,其次才能考虑青少年的特点和社会的一般需求。二是专门化。专门化即反对学科的综合化。学科中心论者反对开设综合理科，主张开设物理、化学、生物；反对开设综合社会科，而是突出地理、历史和经济。三是结构化。结构化是重视每一门学科的基本概念和原理。学科中心论提出概念化就是抽象化。这是一种深化理解和减少复杂性的思维方式，在此基础上才可以揭示对象的类型和关系，以求得到理解。

20世纪70年代课程改革的主导动向是"人本主义"。什么是人本主义？人本主义主张统一学生的情意（affect）和认知（cognition）、感情（feeling）和理智（intellect）、情绪（emotion）和行为（behavior）。人本主义课程也可以被理解为情意课程，也有人把这种课程称之为"人性中心课程"。

人本主义课程不像学科中心课程仅仅把重点放在智力上。它是以"人的能力的全面发展"为目的的。因此，除智力以外，情绪、态度、理想、价值均是教育过程应当关注的重要领域。

第三节　创新高校体育教育观念的对策研究

体育教育思想、体育教育观念正确与否，直接关系到高校体育教学改革实践的方向与成败。随着时代的发展和社会的进步，许多传统的体育教学思想和观念面临挑战。当前影响和制约高校体育教学改革的根本因素更多来自人们头脑中固有的陈旧思想和传统观念，以及接受这些思想观念影响的思维方式。要使中国高校体育教学改革向纵深发展，首先，必须从转变思想和观念做起，从时代特征和我国国情出发，从我国高校体育教学改革和发展的实际出发；其次，必须遵循高校体育教学的客观规律。

一、国内外研究情况的比较与分析

（一）从国内研究情况看

实施素质教育以来，高校体育教学改革得到了较快的发展。"深化高校体育教学改革，提高高校学生整体素质、迎接21世纪人才挑战"得到了我国教育主管部门的高度重视。国内理论界对此问题的研究主要包括：①如何从高校体育教学的学科特性上提高人们的思想认识，保证德智体美劳全面发展的科学性和完整性;②怎样从高校体育教育的社会意义出发,论证"只有整体素质好的人,才可能有广泛采集信息和善于寻求战机、把握取胜时机",以唤起各级教育主管部门和各类高校领导的重视;③如何在探索完善高等教育功能、提高院校社会地位与声誉的基础上,把克服体制障碍和深化高校体育教学改革提高到一个更加紧迫、重要的位置;④如何树立高校体育教育优先发展的战略思想,进一步加大经费投入,促进我国高校体育教育在目标、内容、方法和课程体系等方面的改革,有一个实质的深化和突破性的进展;等等。

(二)从国外研究情况看

进入 21 世纪以来,发达国家都把使高校学生培养体育能力、发展个性、提高综合素质作为迎接 21 世纪人才竞争的普遍观念。美国人认为:"体育课程以发展学生身体为目的,让学生在教师的指导下向自觉学习的方向转化,并以此激发他们的潜在创造力。"日本人强调:"让学生适当参加各种活动,以培养强壮的身体,同时设法培养坚强意志和提高身体素质。"加拿大人提出:"促使所有学生以身体健康力目标,通过体育锻炼提高身体素质,以增进健康。"德国人则认为:"将体育课中学到的东西应用到校外,使他们喜欢体育。"从研究的情况看,国外注重培养高校学生的个性,探索激发其潜在创造力的闪光点,全面提高其综合素质和提高其在未来社会中的竞争能力和适应能力;重视学生在校外和社会工作中争取到的荣誉和地位;积极处理德智体美劳之间,以及体育是基础、身体是载体的辩证关系等。

(三)从我国高校体育教育的发展趋势看

发展高校学生个性,探索激发其潜在创造力的闪光点,以及全面提高其整体素质和提高其在未来社会中的竞争和适应能力,重视学生在校外和社会工作中的荣誉和地位等,就是我国高校体育教育发展研究的趋向。

二、拓新高校体育教育观念的分析

我们应该从哪些方面来认识和把握发展高校体育教育、培养现代化人才的新观念呢?

(一)从高校体育教育的科学特性上

体育是一门涉及自然与社会两大科学范畴,并具有理论与方法体系的综合性科学。学校体育不仅要研究如何增强学生的体质、培养学生的意志品质和竞争精神,研究如何增强学生的心理素质、开发学生的思维、提高学生分析问题和解决问题的能力,还要研究现代化人才与中国特色社会主义建设事业之间的千丝万缕的联系,同时,还要以其独特的教学方法、内在的运动规律、特殊的训练手段把学生培养成德才兼备、体魄强健、心理稳定、富于开拓精神和敢于竞争的现代化新人。而处在 21 世纪初的今天,展望 21 世纪的未来,的确如吴季松所言:"人体机能的提高在于学习,在于对环境的适应能力和创造力,在于每个人自身的体质如何。身体机能不同的人学习能力、对环境的适应能力、创造力也不相同。人类在 21 世纪的竞争中,在起码的衣、食、住、行及教育程度逐步缩小差距后,是广义上的体育锻炼的竞争。"由此可以看出,培养现代化人才的观念,应当从 21 世纪国际竞争的焦点予以把握。而高校学生区别于中小学生,高校体育教育区别于中小学体育教育的界线,就在于高校注重提高高校学生的体育文化修养和提高其对体育运动的欣赏能力,培养终身体育思想和科学锻炼身体的体育能力,使其在激烈的体育对抗中,强健体魄,磨炼意志,发展个性,激发潜在创造力,提高其在 21 世纪寻求发展的竞争能力和适应能力。所以高校体育教育的首要任务,就是要深刻理解素质教育的核心是德智体美劳全面发展,而核心的先决条件是身体。应全面发展高校学生的思想品德素质、科学文化素质、劳动技能素质、心理素质以及个性和思维素质等等,并且积极理顺以文化素质教育为导向,以心理素质教育为中介,以健康教育为本体,以发展个性、激发潜在创造力和全面提高整体素质为目标的内在联系。这不仅有利于我们清除传统教育观念残留的重德、智,轻体育的片面性,而且有利于把加强高校体育教学工作提高到通向世界、通向未来、通向教育现代化这样一个思想高度予以正视。只有保证德智体美劳全面发展的完整性和科学性,才能够不断地明确高校的办学指导思想,真正把培养 21 世纪人才作为高校的根本任务。

(二)从高校体育教学的社会意义上

"一个病态的身体,其感官便不健全;不健全的感官感应的外部世界也便是会扭曲变形的。"事实证明,只有进一步加强高校体育教学改革,才有可能把高校学生培养成学识丰富、体魄强健、意志坚定、思想敏锐、富于开拓精神和敢于竞争的现代化新人,使其在建设中国特色社会主义的伟大事业中,把充分发挥自己的聪明才智和实现自己的理想抱负有机地结合起来。而拓新高校体育观念,发展高校体育教学的另一个实质性的任务,就是要把发展学生个性,激发其潜在的创造力,全面提高其整体素质,以及提高其在未来社会工作中的竞争能力和适应能力同培养中国现代化建设事业的接班人有机地结合起来,以唤起各级教育主管部门以及各类高校领导的高度重视,努力克服因传统的体育教学观念形成的思想和体制障碍,妥善解决好高校体育,教学改革中出现的"体制障碍难破、科研项目难上、基础设施难添、课程体系难改、技术职称难评、高层次人才难留"等客观问题,从而将深化高校体育教学改革,提高到一个更加紧迫、更加重要的核心位置。这样,高校才会充满生机和活力,才会不断地向社会输送德智体美劳全面发展的高质量的人才,21世纪的高校学生们才会在社会各个方面建功立业,做出贡献,高校的教育功能才会不断完善,高校自身的社会地位与声誉才会不断提高。

(三)从21世纪人才战略的高度拓新观念上

高校教育肩负着培养现代化人才的神圣使命。而作为构成现代高等教育要素之一的高校体育,应责无旁贷地发挥其特殊的作用。面对已经到来的21世纪的人才挑战,是高校体育教育培养现代化人才的神圣使命。这一点,毛泽东在《体育之研究》一文中曾作过深刻的分析、形象的比喻和明确的界定:"体育一道,配德育与智育,而德智皆寄于体。无体是无德智也。""体者,为知识之载而为道德之寓者也,其载知识也如车,其寓道德也如舍。体者,载知识之车而寓道德之舍也。"由此不难看出,以增强学生体质、促进学生机能发育、发展学生心理素质、培养学生开拓与竞争精神为宗旨的高校体育教育,其工作实质就是培养和造就现代化的知识和道德之战车,只有车和炮利的现代化战车,才能在激烈的国际竞争中寻求有利战机和把握取胜时机。所以,在21世纪之初许多国家都把高校体育教学改革、提高体育教育质量作为迎接挑战的一项重要举措。如日本的21世纪体育教研目标就非常明确:"一是培养学生宽广的心胸、健壮的体魄和丰富的创造力;二是培养学生自由、自立和公共的精神;三是培养出面向全世界的日本人。"中共中央、国务院为实施我国21世纪人才战略,适应经济体制和经济增长方式两个根本性转变和迎接21世纪人才竞争,于世纪之交在《关于深化教育改革全面推进素质教育的决定》中明确指出:"实施素质教育,就是全面贯彻党的教育方针,以提高国民素质为根本宗旨,以培养学生的创新精神和实践能力为重点,造就'有理想、有道德、有文化、有纪律'的、德智体美等全面发展的社会主义事业建设者和接班人。"其内在的实质,就是要把我国21世纪的高等专业人才培养成为能够迎接21世纪新技术革命挑战的新人,能够参与全球性竞争与合作的新人,以及能够主动适应、积极推进、甚至引导一系列社会变革的现代化新型人才。所以,必须把高校体育教育放在优先发展的核心位置,并在增强体质、发展个性、提高体育文化修养、激发高校学生潜在创造力,以及提高其在未来社会中的适应能力和竞争能力方面,下大功夫,花大气力,深化改革高校体育教学方法、内容和课程体系,努力使我国的高校体育教育质量再上一个新的台阶。

三、拓新高校体育教育观念的综合性思考

(一)拓新高校体育教育观念

拓新高校体育教育观念的主旨就在于进一步唤起我国各级教育主管部门对高校体育教育的重视,让"全面发展""协调发展""完善发展""发展个性"等高校体育教育思想真正地贯彻到当前的"素质教育"中去,从而使高校体育教育进入长期、稳定发展的阶段。

(二)深化高校体育教学改革

首先是高校体育教育必须围绕把每一个建设者和接班人都培养成具有新的生命观、健康观、运动观、审美观,身心全面发展并能适应现代社会变革的现代化新型人才这个主导思想和总目标设置课程。其次是改革落后的教学内容和方法。应注重学生的体育文化、修养培育;扩大高校学生学习体育的自主权和自由度;在完善各级各类高校体育考核制度的基础上,杜绝把高校体育搞成应付体育加试的附属品。

(三)21 世纪人才战略的重要举措

把高校体育教育作为培养 21 世纪人才战略的一个重要举措,绝不是一句空话。必须将其摆在优先发展的战略地位,加大对高校体育教育经费的投入,使高校体育随着"素质教育"的平稳发展,在原本较为薄弱的基础设施方面有一个实质性的突破与发展。

(四)总体发展趋势

现代化高校教育的首要任务,就是拓新高校体育教育观念,深化高校体育教学改革,并将其摆在优先发展的战略地位。这不仅是现代化高校教育发展的必然趋势,而且是针对 21 世纪国际人才竞争的应战。

四、转变观念是改革的关键

中国社会正由传统向现代化变迁,在这过程中,高校体育也必然受到社会变革的冲击。当前的中国,教育发展滞后于社会整体发展,高校体育滞后于教育的发展,要使高校体育改革走出困境,首先要从转变观念着手。

作为影响高校体育发展的传统观念必须打破,我们列举的权威化、功名化、正统化、礼仪化和单一化5种价值取向对高校体育的发展与改革具有一定的消极作用,理所当然要用新的观念取代它们。但是,我们在学习西方先进的高校体育思想的同时,一定要结合中国的国情,绝对不能照抄照搬。我们确立的高校体育新思想必须既能适应我国社会主义初级阶段的国情,又能适应世界发展的步伐。这也是我们改革的关键和难点所在。对中国高校体育教育发展模式的研究,主要是依据教育法规定的国家教育方针,着眼于学生及社会长远发展的要求,以面向全体学生、全面提高学生的基本素质为根本宗旨,以注重培养学生的态度、能力、促进他们在德智体素养等方面生动、活泼、主动地发展为基本特征。素质教育要使学生学会做人、学会求知、学会劳动、学会生活、学会健体和学会审美,为培养他们成为有理想、有道德、有文化、有纪律的社会主义公民奠定基础。高校体育作为高等教育的重要组成部分理应树立改革的观念,顺应改革大潮,不断寻求改革的突破点。

第八章
21世纪高校体育教育发展模式研究

第一节　素质教育和应试教育

一、素质教育

从理论上讲，我们所指的素质有狭义和广义之分。

狭义的素质指生理学和心理学上的素质概念，即人或事物在某些方面的本来特点和原有的基础。这种狭义的素质，更多地注重遗传的特点。

广义的素质一般泛指整个主体现实性和可能性，即在先天与后天共同作用下形成的人的身心发展的总体水平。

当然，在教育界，学者们对素质概念的理解和分类是有差别的。例如，有些学者把素质分为先天素质、身心素质、文化品德素质和国民素质。也有些学者认为，素质作为一个系统，大体上分为3个子系统，其一是身体层面的素质（简称体质），其二是心理个性层面的素质（简称品质），其三是社会文化层面的素质（简称素养）。第三个层面又包括思想道德素养（敬业），最能体现一个人（群体）的思想觉悟和文化修养的程度。

可以看出，无论各位学者的观点如何，无论分类的差别有多大，我们讨论的素质肯定应该是综合性的，即素质是指广义的素质，而不是狭义的素质。

素质一般具有以下几个特点。

第一，素质是先天遗传性和后天习得性的辩证统一，是生物性与社会性的辩证统一。在这里，我国的学者强调后天习得性的重要性，由此，应特别注重教育在人的发展中的意义。

第二，素质是内在性与现实性的辩证统一。素质是相对稳定的，具有一定的内在结构。这种内在性在一定的条件（或机遇）下可以呈现出来。

第三,素质具有整体性。人的素质是一个系统,各种素质构成整体的素质结构,合理的整体素质结构决定人的素质水平。

对于素质结构的划分有不同的观点。

在我国,有三分法,即德智体;有四分法,即德智体美;也有五分法,即德智体美劳。有学者认为,这种结构只有分析、没有综合,只有经验、没有心理,认为这种素质结构缺乏科学依据。

国外有些学者提出素质结构的两维构造模式。据此,我国的一些学者也提出了两维素质构造的模式。例如,一维是德智体美劳,另一维是心理素质中的认知、情感、技能,由两维的交叉可以组合成15种素质。

第四,素质具有基础性。素质具有潜在发展的可能性,是人的未来发展的基础。

(一)素质教育以及素质教育的特征

当前,我国对素质教育的基本内涵有了相对统一的认识。张定璋认为:"素质教育作为提高民族素质的基础工程,是在教育要三个面向的战略方针指引下,发挥每个学生的主动性,促进学生在德智体美劳等方面生动活泼地、主动地全面发展的教育。"也有些学者认为,素质教育实际上就是理想人格的教育,其目的是使受教育者学会做人、学会学习、学会生活。由于受篇幅的限制,我们不能一一列举各种观点。但是,可以看出,学者们的观点有一些共同性。这些共同性包括:素质教育强调全面性(全面提高全体学生素质),密切结合社会和人的发展的需要,注重发挥人的智力潜能,强调人的个性心理素质的培养。

由素质教育的基本内涵,我们可以看到素质教育应该具备以下特点。

素质教育弘扬人的主体性,注重开发人的智慧潜能,是注重形成人的精神力量的教育。这一点正是相对应试教育缺乏人格教育而言的。

素质教育是面向全体学生的。它要使每一个学生都能在他天赋的允许范围内得到充分的发展。从这一点上讲,素质教育也是差异性教育。它反对教育上的"平均主义"和"一刀切"。

素质教育要求人的全面发展。如前所述,它要求学生德智体美劳并重,全面发展人的生理、心理和文化素质。

(二)素质教育与全面发展教育

全面发展是教育领域的"专有"名词。它起源于古希腊的文化,发展于"空想社会主义"理论,完成于马克思主义关于人的"全面发展学说"。

从马克思主义的全面发展学说可以分析出,个人的全面发展应该是人的智力和体力广泛而充分的发展。这里的广泛是指全面。可以认为,这就是我们的全面发展教育的最基本的内涵了。如前所述,我国当前的全面发展的教育是根据国情,在此基础上发展起来的。

全面发展的教育是我国教育发展的基本特征。如前所述,对素质结构的划分提到的五分法,即德智体美劳就是全面发展教育的基本内涵的简单表述。这在我国教育发展起到过重要的作用。但是,随着教育科学的发展,随着社会的发展,随着"三个面向"的提出,全面发展的教育无论在其内涵还是在表达方式上,都已经满足不了教育发展的需要了。正像社会上对人的发展从注重人的"IQ"发展到注重人的"EQ"又发展到注重人的"AQ"一样,教育对认知、情感、技能等人的心理品质和人的社会性发展的作用越来越被认为是一个基本的非常重要的问题。由此,不少学者提出了素质教育的基本内涵。如上所述,素质教育是在全面发展教育的基础之上的更趋于合理的、新颖的教育思想和先进的教育体系。

二、应试教育

所谓应试教育是指专门按照高一级学生选拔的需要,以应试为目的的教育训练活动。

应试教育不是对我国现行基础教育的概括,而是对其中存在的单纯以应试升学为目的的而产生的诸多弊端的概括。否定应试教育,不是要否定现行的教育。事实上,应试教育是指在我国教育实践中客观存在的偏离了受教育者和社会发展的根本需要,单纯为了应付考试、争取高分,片面追求升学率的一种倾向。它主要面向少数学生,忽视大多数学生的发展;偏重知识的传授,忽视德育、智育、体育、美育和生产劳动教育;忽视能力与心理素质的培养,以死记硬背和机械重复训练为方法,妨碍学生生动、活泼、主动地学习,使学生课业负担过重;以考试成绩作为评价学生的主要标准,甚至作为唯一标准,挫伤了学生学习的主动性、积极性和创造性,影响了他们总体素质的提高。

应试教育是相对于素质教育而言的。它们的区别主要有以下几方面。

第一,在应试教育中,教师在教学中以升学为目的,以掌握知识技能的能力评价学生,着眼于知识的灌输,是面向昨天的教育;而素质教育则倡导开创精神,鼓励学生努力思考,不仅重视学生的知识技能水平,还注重学生努力的程度,是面向未来的教育。

第二，应试教育只是面向少数人的教育，而素质教育则着眼于全体学生的发展。素质教育认为，人是可以教育的，可以教育好的人占绝大多数。下面，我们不妨对不同观点进行一下对比。一般人群中人的优和差整体正态分布规律的观点认为，其中好与差都是少数，绝大多数人是一般。竞技体育中人的优和差半正态分布的观点认为，其中好的是极少数，大多数都不行。这种观点符合竞技体育选拔人才的规律。素质教育中人的优和差半正态分布的观点认为，其中差的是极少数，大多数是好的。这是素质教育对学生"不求完美，认可及格"观点的具体描述。及格的意义是指学生完成素质教育的基本要求。认可及格而不是优秀，才能使学生对学业有轻松的感觉，才能使学生有更多的时间去发展自己的特长，才能使教师从"排名次"求"优秀率"的压力中解放出来。

第三，应试教育是按照一定的模式，采取简单的平均主义，以"一刀切"的方式进行教育；而素质教育则重视学生的个性培养。

第四，应试教育以考试的分数论英雄，其结果使青少年身心受到极大的摧残，他们用心声悲壮地喊出"我以我血洒考场"的誓言，由此培养出一些"考神"，而更多的却无法适应社会生活。

应试教育与素质教育也有相通的地方。例如，考试就不仅仅是应试教育的"专利"，素质教育也应该有（考试是评价学生的重要手段之一），只是不应以考试为目的。素质教育对于应试教育有一种在扬弃条件下的继承关系。

第二节　21世纪高校体育教育发展模式

一、全新的素质教育观念

（一）素质教育的内涵

《关于深化教育改革全面推进素质教育的决定》指出："实施素质教育，就是全面贯彻党的教育方针，以提高国民素质为根本宗旨，以培养学生的创新精神和实践能力为重点，造就'有理想、有道德、有文化、有纪律'的、德智体美等全面发展的社会主义事业建设者和接班人。"素质教育的内涵可以概括为思想品德素质、科学文化素质、身体心理素质、劳动技能素质等几个方面。它以文化素质教育为导向，以心理素质教育为中介，以健康教育为主体，以全面提高身心素质、发展人的个性为共同目标。这种素质是指人在后天通过环境影响和教育训练获得的稳定的、长期发挥作用的基本品质结构，体现了人的全面发展精神。素质教育把教育方针中的培养目标予以综合，比片面的基础教育的理解更为全面，更为深刻。

（二）素质教育的特点

素质教育以其倡导的科学性，深刻地揭示了高校体育教育的最终目标是"完善人的本质，并且使人的整体功能得以全面发展"。它作为中国迈进21世纪的教育方针，最突出的特点就是以"全面发展""协调发展""完善发展""发展个性"为手段，以提高国民素质为宗旨，以培养创新精神和实践能力为重点，造就德智体美劳全面发展的四有新人。而作为中国高等教育重要组成部分的高校体育教育，为保证素质教育目标的实现，就必须正确认识和全面把握好素质教育的特点。

首先，是全面发展的特点。全面提高高校学生的整体素质：一是指提高所有高校学生的素质；二是指提高高校学生的各种素质。长期以来，人们已习惯用身体素质来表达高校体育教育的目标，但是这个概念太过片面、简单，根本无法体现高校体育教育在素质教育中所要追求的目标。而素质教育的全面发展特点则要求全面提高高校学生的整体素质。既要改善高校学生的身体形态、身体机能、身心素质、体育文化、技能意识和欣赏能力等等；又要面向全体高校学生提出共同的素质要求，并力求使每个高校学生均达到应有的整体素质水平和得到全面的发展。

其次，是协调发展的特点。体育教育是高等教育的重要组成部分，因此，必须充分发挥其在培养现代化人才中的协调功能，以适应现代社会与时代的需要。而促进高校学生和谐发展的关键在以下几点：①在增强学生体质的基础上，树立健康第一的教育思想，并积极地研究和构建21世纪健身教育的发展模式；②注重拓展高校学生自觉和自主学习体育的时间和空间，致力提高高校学生的体育文化知识和运动技术水平；③充分调动高校学生参加体育活动的兴趣，教会高校学生科学健身的方法和培养其对体育的欣赏能力，并逐步地建立起他们的终身体育思想和科学健身的习惯；④强化爱国主义和集体主义教育，以培养其合作、竞争的精神，顽强的意志和自尊、自信的品格。上述做法可以使21世纪的高校，在共同素质要求的前提下协调发展。

再次，是发展个性的特点。发展个性是素质教育观念中一个重要的闪光点。它是以倡导在高校体育教学中充分发挥高校学生的主动性和重视每个学生的兴趣爱好为着眼点,以充分体现高校学生的自我意识、思维方式、体育观念和情感为特点,以开发高校学生富于想象、独立思考的思维能力为手段,以培养高校学生的理论分析、逻辑推理和精化组织、系统概括的创造能力为目的的一种发展高校学生个性的素质教育模式。其本质就是拓宽眼界、理清思路,激发他们潜在创造力和提高他们在未来社会中的生存能力、竞争能力和适应能力。

最后,是完善发展的特点。就目前对我国实施素质教育的调研结果和分析论证的具体情况来看,完善发展的核心特点是"完善高校体育教育,提高高校学生整体素质,迎接 21 世纪人才竞争,概括地说,体现在以下 4 个方面:①完善发展以其全新的素质教育观念从高校体育教育的学科特性上提高了人们的思想认识,保证了德智体美劳全面发展的科学性和完整性;②从高校体育教育的社会意义上阐明了"只有整体素质好的人才具有广泛采集信息,善于寻求战机和把握胜机的可能性",唤起了各级教育主管部门和各类院校领导对高校体育教育的重视;③论证了完善高校体育教育功能与提高院校社会地位、声誉的因果关系,从而把克服体制障碍和深化高校体育教学改革提到了一个更加紧迫、更加重要的地位;④从提高高校学生整体素质出发,确立了 21 世纪高校体育教育加速发展的战略思想。上述做法加大了对高校体育教育的经费投入,促使高校体育教育在教学目标、教学内容、教学方法和课程体系等方面都进入了一个实质性的深化和完善性的发展阶段。

(三)素质教育的目标

全面发展、协调发展、发展个性和完善发展,激发高校学生潜在创造力,提高高校学生的整体素质和提高其在未来社会中的生存能力、竞争能力和适应能力,注重高校学生在校外和未来社会工作中获得的荣誉和地位,从实质上说既是我国高校体育教育模式的发展方向,也是我国高等教育推进 21 世纪人才战略实施进程的最终目标。这是因为已经到来的 21 世纪国际竞争的焦点是经济的竞争,而经济的竞争又是科技的竞争、知识与信息的竞争。知识与信息的竞争实际上就是人才的竞争,而人才竞争的关键是高校学生整体素质提高的竞争。因而,在世纪之交,各教育强国都把完善高校体育教育、提高高校学生整体素质作为迎接 21 世纪人才竞争的一项重要举措。这说明了高校体育教育在实施 21 世纪人才战略和推进素质教育过程中的重要地位和不可替代的作用。所以,中共中央、国务院为实施我国 21 世纪人才战略,适应经济体制和经济增长方式两个根本性转变,面对 21 世纪的人才竞争,于世纪之交在《关于深化教育改革全面推进素质教育的决定》中明确指出："实施素质教育,就是全面贯彻党的教育方针,以提高国民素质为根本宗旨,以培养学生的创新精神和实践能力为重点,造就'有理想、有道德、有文化、有纪律'的、德智体美等全面发展的社会主义事业建设者和接班人。"其内容实质就是理顺以文化素质教育为导向,以心理素质教育为中介,以健康教育为主体,以发展学生个性、激发学生潜在创造力、全面提高高校学生的整体素质为目标的内在联系,从而把我国跨世纪的高校学生培养成为能够迎接21世纪新技术革命挑战的新人,能够参与全球性竞争与合作的新人,以及能够主动适应、积极推进甚至引导一系列社会变革的现代化新型人才。这不仅明确了我国高等教育的办学指导思想,真正把培养现代人才作为高校的根本任务;也把强化高校体育教育、完善高等教育作为通向世界、通向未来、通向教育现代化这样一个宏伟的目标的必要条件。

二、现代化的高校体育课程

传统的"基础教育"课程模式,随着社会经济、科学技术、文化教育的高速发展,已明显地表现出了与现代社会对现代化人才培养需求的不相适应,特别是体育观念落后,课程目标滞后,内容陈旧,教学形式机械,教材单调,课程结构科学性不强和考核、评价制度不规范等都严重地影响了高校体育教育的质量,也给我国由"应试教育"向"素质教育"转轨,全面提高高校学生的整体素质带来了思想和体制上的障碍与制约。因而,本课题在对国内外高校体育教育发展状况进行系统研究的基础上,对我国高校体育现况进行了科学的调研。结果表明:当前我国高校体育教学改革和规范化的实质,首先仍旧是对传统课程模式的突破;其次才是对21世纪高校体育课程的建立。这是因为没有实质性的突破,也就不可能得到科学、规范的建立。从这层意义上说,破就是立,破字当头,立也就在其中了。

三、卓越有成效的方法、对策

素质教育以其倡导的"全面发展""协调发展""完善发展""发展个性"等理论观念深刻地揭示了高等教育的最终目标是"完善人的本质"。因而,作为高等教育重要组成部分的高校体育教育,必须担负起这一划时代的教育重任,并且解决好推进素质教育进程中遇到和发现的新情况、老问题。鉴于此,本课题针对国内普通高校体育学改革中具有典范意义的热点和难点问题进行系统研究、科学验证和深入的理论分析,以期为普通高校推进素质教育、提高高校学生的整体素质,以及探索构建21世纪高校体育教育的发展模式提供客观、有实效性和对策性的咨询建议。

(一)普通高校体育学科建设不容忽视

这是因为我国加入世贸组织之后,必然在科技、经济、文化、教育等诸多方面与国际接轨。高校体育教育作为一门新兴的学科,既是培养现代人才的一个重要组成部分,也是实施素质教育的一个关键的环节。因而,它担负着增进健康、发展个性和激发高校学生潜在创造力的教育重任。所以,通过优化高校体育教师的知识结构、提高共学历层次、优化职称结构来增强高校体育教师的业务素质,提高共教学水平、科研水平和协作攻关的能力,等等,不仅能够有效地加强高校体育科研与教学实践之间的相互依赖、相互促进的关系,而且对于完善体育学科体系,巩固体育在现代化高等教育中的学科地位均有着重要的作用和重大的意义。

(二)体育基础设施上台阶

普通高校体育基础设施建设涉及点多、面广,不花大气力、下大功夫很难有一个实质性的突破。这是因为难就难在重视不够,难在教育观念落后。因而,要在拓新高校体育教育观念的同时,把强化体育基础设施建设提高到对高校领导者办学能力、发展能力和竞争能力的一个综合评价予以认识。事实上,也只有21世纪"素质教育"观念下的现代化高校管理者,才具有在加强体育基础设施方面积极探索、挖掘人才素质潜力和全面提高高校学生整体素质的思维特征。

(三)高校体育教学组织形式改革势在必行

"一种规格"的高校体育教学组织形式,制约高校学生个人和个性特点的发展,妨碍了高校学生潜在创造力亮点的闪现。而扩大高校学习自主权,拓宽学习自由度和以启发他们创造性完成技术动作为主线的教学组织形式,则符合高校学生自我意识发展特点,符合高校学生体育观和情感发展特点,顺应了高校学生的思维方式特点。其优越性有三:①有利于高校学生自尊、自信和自强精神的完善;②便于开发高校学生的潜在能力和创造性;③方法科学、简单、可操作性强,并具有广泛的实际应用效果;等等。

(四)体育文化教育注重实效

"体育基础理论＋体育文化讲座＋体育欣赏和科技战术应用辅导"的理论课

程模式：①调动了高校学生自觉学习体育文化知识的积极性和自觉性；②有利于高校学生培养体育能力，陶冶情操和塑造气质；③成功地利用了书本、电教、竞赛、讲座和休闲等，科学地拓展了高校学生自主和自由学习体育文化知识的时间和空间，卓有成效地提高了高校学生的体育文化素质；等等。

(五)心理教育应贯穿体育教育的整个过程

紧密结合的心理教育方法：①调动了高校学生参与运动、学习体育的主动性和积极性；②锻炼了意志，发展了个性；③使高校学生培养了能力，增强了自信；④使高校学生激发潜在的创造能力，提高整体素质；等等。从系统研究的结果看，该方法科学含量较高，实效性强且操作简便易行，具有普遍的实践应用价值。

(六)校园体育文化建设应加速进行

"营造校园体育文化环境、构建课外体育俱乐部"的校园体育文化建设模式，不仅能够集课外体育活动时间多、空间大、活动内容针对性强、实效性高等特点于一体，而且顺应了高校学生身心发展特点和高校体育教育的时代特征，能够在高校体育教学、竞赛和活动中发挥出重要的主渠道作用。

(七)体育科研应系统、规范

各普通高校在全面推进素质教育和深化高校体育教学改革的进程中，应运用不同方法加大对全面提高高校学生整体素质的方法、对策进行系统性研究的力度，为我国高校体育教育学科建设、基础设施建设以及探索和构建21世纪高校体育教育发展模式等提供更为科学的理论依据和可借鉴的咨询建议。

四、科学的理论研究、规范的方法体系、可靠的实践结果

(一)科学的理论研究

从本质上说，科学的理论研究"具有客观、科学和先进的理论指导思想"。这也是21世纪高校体育教育学科建设两大任务之一的求真性所决定的。这是因为：①客观性的实质就是求真，要求理论来自实践，研究必须建立在客观、真实的基础上；②科学性是指要通过研究发现和总结出带有普遍规律的经验结晶具有较高科学含量的研究结果；③先进性则是指要用实践验证具有现实指导意义和广泛应用价值的理论成果。所以，科学的理论研究必须集客观性、科学性和先进性于一体，并具有逻

辑思维清晰、论据充分准确、观点独到明确和理论指导性强等科学特点。

(二)规范的方法体系

规范的方法体系是 21 世纪高校体育教育学科建设的另一大任务求用性所决定的。因而,它要求必须集实效性、系统性和可操作性于一体。这是因为:①求用的实质也就是实效性,要求理论必须服从实践和应用于实践,且能够卓有成效地指导实践、服务于实践;②系统性主要是指要具有一定的方法程序,且操作简便易行和规律性强,并具有一定时间、范围的可持续的发展性;③规范性则是指该方法体系在经过去伪存真和精化完善之后,能够发展成为制度或法规性的操作模式;等等。所以,它要求所有方法、措施、步骤必须依据高等教育原理、体育教学规律、高校学生整体素质特点的客观实际而设计和实施,同时要求调研资料、测试数据必须经过科学、规范的统计处理等。这充分体现出方法上的科学信度和操作上的制度规范。

(三)可靠的实践验证结果

在中国高等教育大变革的今天,每一个高校体育教育工作者和理论研究工作者,都必须脚踏实地地去面对中国高校体育教育的客观实际,从深化高校体育教学改革和全面推进素质教育的国情出发,去开辟新思维、研究新情况、剖析新问题和创立新理论。鉴于此,本课题在对我国高校体育教学改革中的热点和难点问题进行科学分析、并做出客观评价的基础上,系统、深刻地论证了"只有整体素质好的人,才具有广泛采集信息、善于寻求战机和科学把握胜机的可能性"等现代化的素质教育观念,客观地总结了我国高校体育课程中的利弊、得失,科学地规划、研究了 21 世纪高校体育课程的体系模式,系统、深入地探索了全面提高高校学生整体素质的方法与对策。研究认为:21 世纪高校体育的理论研究和方法体系一是求"真";二是求"用";三是"真""用"结合,并在求"真"的前提下求"用"。因而,从这层意义上说,要切实做到全面深化高校体育教学改革,努力提高高校学生整体素质和加速推进素质教育,就必须在全方位把握好国内外高校体育教育的基本情况和发展趋势的前提下,以全新的素质教育观念为先导,以研究现代化的高校体育课程为核心,以探索全面提高高校学生整体素质的方法、对策为手段,以构建21 世纪的高校体育教育发展模式为目标。这样才有可能加速形成以实践激发和检验理论研究,而理论研究又指导和推进实践活动这样一个相互依赖、相互促进的优化循环。

参考文献

[1]黄振鹏. 高校智能化体育场馆建设与经营管理[M]. 长春:吉林大学出版社,2020.

[2]谢丽娜. 高校体育风险管理研究[M]. 长春:吉林人民出版社,2020.

[3]张义飞,李兆元,任楠. 高校体育理论与健康管理教程[M]. 北京:中国石化出版社,2018.

[4]任晋军,王肖天. 普通高校竞技体育品牌建设研究[M]. 上海:上海交通大学出版社,2020.

[5]常德庆,姜书慧,张磊. 高校体育教学与运动训练研究[M]. 长春:吉林出版集团股份有限公司,2020.

[6]赵周. 边疆民族地区教育教学探索与创新[M]. 昆明:云南大学出版社,2020.

[7]孙静. 高校体育教学与训练研究[M]. 北京:现代出版社,2020.

[8]李志伟,刘军良,张伟. 高校体育管理与实践创新研究[M]. 长春:吉林出版集团股份有限公司,2019.

[9]陈长魁. 高校体育教学与管理研究[M]. 长春:东北师范大学出版社. 2019.

[10]崔世君. 高校体育场馆社会化运营与管理[M]. 北京:人民体育出版社. 2019.

[11]徐君伟. 高校体育商业化运作与管理研究[M]. 北京:经济管理出版社,2019.

[12]樊汶桦,董旸. 高校体育教学模式改革及科学管理研究[M]. 长春:东北师范大学出版社,2019.

[13]姜文晋,唐晶,李秀奇. 创新教育背景下高校公共体育创新路径和科学管理研究[M]. 徐州:中国矿业大学出版社,2018.

[14]郭金丰. 高校体育管理研究[M]. 哈尔滨:黑龙江大学出版社,2018.

[15]陈志伟,刘福温,史明. 高校体育管理理论科学探析[M]. 北京:九州出版社,2018.

[16]张军平. 高校体育管理组织结构研究[M]. 北京:九州出版社,2018.

[17]杨可文,谯建华.高校体育管理与教学质量保障体系的构建研究[M].长春：吉林文史出版社,2018.

[18]唐丽霞.高校体育教学与管理[M].北京：兵器工业出版社.2018.

[19]胡摇华.高校体育教学管理与改革[M].长春：吉林出版集团股份有限公司,2018.

[20]万星.高校体育课程教学管理研究[M].哈尔滨：东北林业大学出版社,2018.

[21]燕成,宋顺.现代高校体育教学管理与实践创新[M].北京：九州出版社,2018.

[22]黄廉.高校体育教学创新和管理创新[M].延吉：延边大学出版社,2018.

[23]董波.高校体育管理研究[M].西安：西安交通大学出版社,2017.

[24]任婷婷.高校体育教学管理改革与模式构建[M].长春：吉林大学出版社,2017.

[25]张伟峰.高校体育管理研究[M].延吉：延边大学出版社,2017.

[26]彭曾恺,彭萍.高校体育管理与实践概论[M].北京：中国财富出版社,2017.

[27]李志伟,沈伟斌,王艾莎.高校体育管理基本理论及体质构建研究[M].北京：九州出版社,2017.

[28]张路遥,蔡先锋.高校体育教学管理[M].长春：吉林出版集团股份有限公司,2017.

[29]臧荣海.高校体育教学与管理风格[M].哈尔滨：黑龙江教育出版社,2017.

[30]赵冬雪,乔峰,罗乐.高校体育教学及其科学管理研究[M].长春：吉林大学出版社,2017.

[31]吴海池,郭娟,展烨.高校体育运动训练理论与管理研究[M].青岛：中国海洋大学出版社,2017.

[32]李伊.高校体育团队的管理与效能研究[M].长春：吉林大学出版社,2017.